浙江省信息化与经济社会发展研究中心
网络与新媒体传播创新教材

移动互联网时代的新媒体概论

王 松 王 洁 ◎编著

新媒体概论

Introduction to New Media
in the Era of Mobile Internet

上海交通大学出版社
SHANGHAI JIAO TONG UNIVERSITY PRESS

内容提要

经过多年的发展，基于互联网的新媒体从形式到内容，从功能到技术都发生了深刻的变化。在移动互联网时代，新媒体不断演化，关于新媒体的知识也需要不断地更新和发展。本书从交叉学科的角度来理解新媒体传播和内容生产，紧跟互联网内容与形态的创新实践，分析了新媒体的本质特征、新媒体形态与应用创新、新媒体与传统媒体融合，以及新媒体发展趋势与版权保护等内容。同时在研究中运用了计算机模拟与仿真、系统动力学和数理统计分析等研究方法，结合互联网典型案例进行分析，知识翔实、案例新颖、生动有趣。本书可作为本科生和研究生教材和参考书，也适合专业人士参考阅读。

图书在版编目（CIP）数据

移动互联网时代的新媒体概论/王松，王洁编著. —上海：上海交通大
学出版社，2018(2021 重印）
ISBN 978－7－313－19895－2

Ⅰ. ①移…　Ⅱ. ①王…　②王…　Ⅲ. ①互联网络—传播媒介—概论
Ⅳ. ①G206. 2

中国版本图书馆 CIP 数据核字（2018）第 176068 号

移动互联网时代的新媒体概论

编　　著：王　松　王　洁
出版发行：上海交通大学出版社　　　　　　地　　址：上海市番禺路 951 号
邮政编码：200030　　　　　　　　　　　　电　　话：021 - 64071208
印　　制：江苏凤凰数码印务有限公司　　　经　　销：全国新华书店
开　　本：710mm×1000mm　1/16　　　　印　　张：11
字　　数：140 千字
版　　次：2018 年 8 月第 1 版　　　　　　印　　次：2021 年 5 月第 2 次印刷
书　　号：ISBN 978 - 7 - 313 - 19895 - 2
定　　价：60. 00 元

前　言

　　基于数字技术、网络技术和移动通信技术的互联网从发端于美国到今天扩展和应用于全世界经历了 30 年时间。新媒体建立在互联网发展的基础之上，其传播和内容生产既深刻改变了人类交流与信息传播的方式，也直接推动了经济社会发展的变革。尤其在中国，互联网的广泛运用与新媒体的不断发展使经济社会发展的一些领域跨越了时间与知识积累的鸿沟，领先于世界，其代表作被称为"新四大发明"——移动支付、网购、共享经济与高铁，莫不与互联网技术与新媒体传播密切相关。

　　经过多年的发展，基于互联网的新媒体从形式到内容，从功能到技术都发生了深刻的变化。由于信息技术创新的推动以及受众需求的拉动，新媒体不断演化，因此新媒体的判断和知识也需要不断地更新和发展，这是编写本书的主要目的。

　　本书从交叉学科的角度来理解新媒体传播和内容生产。新媒体传播在过去更多属于人文社会科学范畴，很多学者从人文社会科学的不同角度，如从社会学、新闻学、传播学、经济学以及管理学等角度解读新媒体，获得了一些重要成果，但也存在着明显的问题和缺陷。互联网新媒体是多学科融合研究的课题，技术作为重要变量对新媒体形态和内容产生重要影响，而传统的人文社科研究缺乏对技术的理解和融合，不能将信息技术创新与新媒体内容的演化联系在一起，就无法把握互联网新媒体发展的轨迹和脉络。另外互联网新媒体的演化速度快，从形式到内容都发生着快速的变化，可谓日新月异，理论和实证研究很难跟上实践的脚步。

浙江省信息化与经济社会发展研究中心（浙江省哲学社会科学重点研究基地）新媒体研究团队近年来开展关于互联网新媒体的研究，将研究置于不同学科融合的背景下，创新传统的人文社科研究方法，获得了一些成果。最新的研究成果紧跟互联网内容与形态的创新实践，抓住互联网新媒体传播内容演化和发展的本质特征，即增强交互性、传受互动和人机互动，分析了新媒体的本质特征、新媒体形态与应用创新、新媒体与传统媒体融合，以及新媒体发展趋势与版权保护等最新内容。同时在研究中运用了计算机模拟与仿真、系统动力学和数理统计分析等研究方法，结合互联网典型案例进行分析，知识翔实、案例新颖、生动有趣。本书可作为本科生和研究生的教材和参考书，也适合专业人士参考阅读，也可满足一般读者深入了解互联网新媒体的需求。最后感谢王卉（第 9 章）、上官海青（第 12 章）、沈江对本书的贡献，在此一并致谢。

限于作者水平，书中存在的不足，恳请读者批评指正。

目　录

第一部分

新媒体基础

第1章 新媒体的起源、发展与含义

1.1 网络与新媒体的起源

当我们谈论新媒体时，就必须首先搞清楚什么是互联网。简单地说，新媒体就是基于互联网平台、传输技术和信息共享的媒介形态总和。20 世纪最伟大的技术创新是发明了互联网。在过去 100 年，媒介技术的快速变化促进了社会的进步，也带来了一系列问题。人类生活的几乎所有方面都受到互联网新媒体信息传播的影响：家庭生活、政治、商业、宗教、教育、创新、国际关系等，所有这些都深深地刻上了互联网的烙印。

互联网起源于 20 世纪 60 年代美国军事部门与知名大学之间的研发合作计划。为了克服地理上的距离，能够较快地通过计算机交换和共享研究数据和其他信息，美国国防部高级研究计划管理局在 1969 年建立了高级研究项目管理网络（ARPANET），中文译名阿帕网。ARPANET 是一个早期的分组交换网络，也是第一个实现协议套件TCP/IP 的网络。这两种技术都成为互联网技术的基础。ARPANET 最初由美国国防部高级研究计划局资助。ARPANET 中采用的分组交换方法是基于美国人伦纳德·克兰罗克（Leonard Kleinrock）和保罗·巴兰（Paul Baran）、英国科学家唐纳德·戴维斯（Donald Davies）和劳伦斯·罗伯茨（Lawrence Roberts）的概念和设计。TCP/IP 通信协议由计算机科学家罗伯特·卡恩（Robert Kahn）和温特·瑟夫（Vint Cerf）为 ARPANET 开发，并纳入了由路易斯·普赞（Louis Pouzin）指导的法国 Cyclade 项目。随着项目的进展，制定了互连协议，通过该协议可以将多个不同的网络连接成一个网络。1981 年，美国国家科学基金会资助计算机科学网络（CSNET）扩大了对 ARPANET 的访问。1982 年，在 ARPANET 上引入了作为标准网络协议的因特网协议套件（TCP/IP）。在 20 世纪 80 年代初，美国国家科学基金会资助了几所大学建立国家超级计算中心，并于 1986 与 NSFNet（美国国家科学基金会建立的主干网络）项目进行了互连，该项目还使研究和教育组织在美国建立了超级计算机网站的网络接入。当免费的在线服务和商业的在线服务兴起后，如 Prodigy、FidoNet、Usenet、Gopher 等，NSFNet 成为互联网中枢后，ARPANET 的重要性被大大减弱了。系统在 1989 年被关闭，1990 年正式退役。

20 世纪 90 年代，媒介技术的蓬勃发展使人类社会逐渐步入信息化时代，基于 NSFNet 为骨干的 Internet 从发达国家开始，逐渐延伸到世界各地。基于互联网平台，新媒体发展突出的两种类型分别是网络媒体和手机媒体，不仅不同于传统媒体的传播模式，也融合了自身的发展特性，推动了媒介环境的深度变化，当前，新媒体的发展也深入到国家政治、经济、文化等多领域。

中国互联网的发展以电子邮件的应用为起点。1986 年 8 月 25 日，瑞士日内瓦时间 4 点 11 分，北京时间 11 点 11 分，由时任高能物理所 ALEPH 组（ALEPH 是在西欧核子中心高能电子对撞机 LEP 上进行高能物理实验的一个国际合作组，我国科学家参加了 ALEPH 组，高能物理所是该国际合作组的成员单位）组长的吴为民，从北京发给 ALEPH

的领导——位于瑞士日内瓦西欧核子中心的诺贝尔奖获得者杰克·斯坦伯格（Jack Steinberger）的电子邮件（E-mail）是中国第一封国际电子邮件。

1989 年 8 月，中科院发起了国家计委立项的"中关村教育与科研示范网络"（NCFC）——中国科技网前身的建设。

1989 年，中国提出建设四大骨干网络联网的目标。

1991 年，在中美高能物理年会上，美国计划把中国纳入互联网中。

1994 年，中国第一个全国性的 TCP/IP 互联网——中国教育和科研计算机网（CERNET）示范网工程建设并于同年建成。

1998 年，CERNET 研究者在中国首次搭建起 IPv6 试验床。2000 年，搜狐、网易、新浪同一年在美国纳斯达克上市。

2002 年，搜狐最先宣布盈利，互联网的广阔前景已经可以预见。2003 年，下一代互联网示范工程（CNGI）开始进入实施阶段。同年，淘宝网进入人们的视野，现已发展成为世界上最大的 C2C 电子商务平台；支付宝在 2003 年下半年上线。

2004 年，网络游戏市场的发展引人瞩目，2005 年，博客出现，2006 年名为"熊猫烧香"的病毒在全网范围迅速传播，全球数百万台计算机未能幸免。

2007 年，国家大力支持电子商务行业的发展，将电子商务定位为国家重要新兴产业。

2008 年，我国网民数量超过美国。

2009 年，移动社交网络的互联网时代开启。以人人网、QQ 为典型的社交网络不断涌现。2010 年，大大小小的团购网站快速发展，团购网站的数量突破了 1 700 家之多，团购的消费方式被年轻人所接受。2011 年，微博横空出世，深入到人们生活的各个方面，政府、企业的微博发展迅速。

2012 年，移动端网民数量超过 PC 端，同年 3 月，今日头条出现，

11 月 11 日淘宝网监测数据显示淘宝和天猫全网交易成交额达到 191 亿元，2014 年，打车软件滴滴快的为了争取用户大打红包大战。

2015 年，"互联网＋"的概念出现，2016 年，papi 酱短视频的红火催生了一大批自媒体。2016 年 5 月，罗辑思维出品的得到 App 上线，活跃用户达到 400 万。2016 年，天猫"双十一"破纪录地再创新高，交易额达到 1 207 亿元。2016 年 12 月 3 日，喜马拉雅 FM 发起的知识内容狂欢节，消费数额也超过 5 000 万元。

互联网及其媒体形态经过了多次迭代和演化。第一代网络新媒体以门户网站、虚拟社区以及搜索引擎为代表，其特点是通过互联网满足受众对于信息和知识的获取，并且不断扩张信息与知识的丰富性和无限性，但是其互动性、平等性、参与性和去中心性较弱。

在互联网用户需求和技术创新的推动下，2003 年以后，以淘宝等为代表的新媒体经济形态和以微博和社交网络为发端的新媒体社交形态极大地增强了互联网新媒体的交互性、平等性和参与性，将网络带入了 Web2.0 时代，即第二代网络新媒体。

2010 年以后网络新媒体的演化主要体现在内容创新、中心化形态消散以及与人工智能的结合上。内容生产领域发生了新的变革，最为明显的变化是"U＋P"成为内容生产主流。本文定义的"U＋P"，是指用户生产内容（UGC）和专业生产内容（PGC，包括专业机构、专业创作人员的内容生产）组成的混合型内容生产形态。它的重要价值与意义在于，专业化内容的制作已经呈现规模化的线上发展，解决了供给端的专业化问题。2015 年 5 月，百度开发出领先于谷歌、微软等公司的世界首个互联网神经网络翻译（NMT）系统。2016 年，百度开源了 PaddlePaddle 平台。开源 9 个月的时间，PaddlePaddle 话题数量就呈现上升趋势，已经发展成为国际主流认可的人工智能开源平台。另外，百度还推出了自己的阿波罗自动驾驶技术开放计划，积极主动向汽车行业及自动驾驶领域的合作伙伴提供开放、完整、安全的平台，目前全球有

60 多家车企、超过 200 款车型与百度展开合作。中国庞大的互联网用户基数和丰富的应用场景形成首屈一指的资源优势，加速正循环过程，推动人工智能场景和技术双翼发展。

1.2　新媒体的发展现状

如图 1.1 所示，2016 年中国的网民人数已达 7.1 亿，与印度和美国的网民数量总和不相上下，就现状来看，如果世界上只有五个网民，其中有一个是中国网民，中国的互联网消费规模也迅速扩张，消费规模达到 9 670 亿美元。不仅是量上，从发展的速度来看，中国网民的数量在前十五年复合增长率达到 25％，互联网消费的增长更是达到 32％。中国的互联网普及率在 G20 成员国中不算高，仅达到 52.2％（截至 2016 年 7 月），发达国家的整体普及率突破了 85％，新兴经济体俄罗斯、阿根廷都达到了 70％，从普及率上看，中国的互联网发展值得期待。如图 1.2 所示，中国与互联网发展相关的经济板块在 GDP 中的占比达到 6.9％，低于韩国，居于全球第二的位置，韩国的排名居于前列的原因在于 ICT 设备的进出口产值高，剔除这一部分的话，中国的排名将占据世界第一的位置（6.4％），韩国则占到第三的位置（5.8％）。

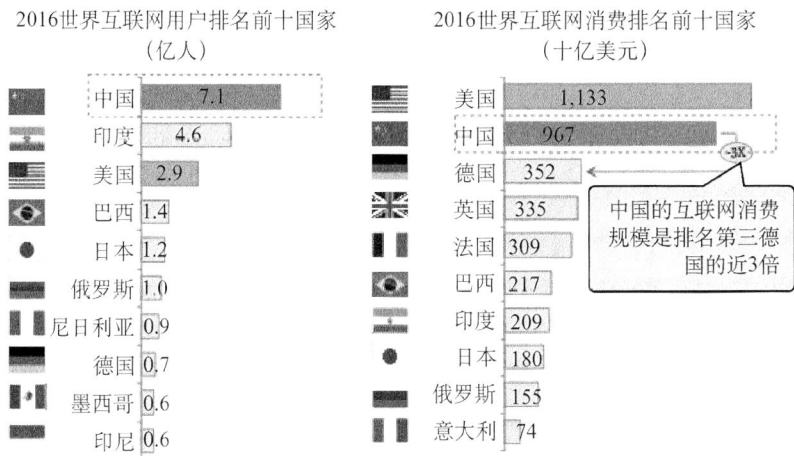

2016世界互联网用户排名前十国家
（亿人）

国家	数值
中国	7.1
印度	4.6
美国	2.9
巴西	1.4
日本	1.2
俄罗斯	1.0
尼日利亚	0.9
德国	0.7
墨西哥	0.6
印尼	0.6

2016世界互联网消费排名前十国家
（十亿美元）

国家	数值
美国	1,133
中国	967
德国	352
英国	335
法国	309
巴西	217
印度	209
日本	180
俄罗斯	155
意大利	74

中国的互联网消费规模是排名第三德国的近3倍

图 1.1　2016 全球互联网用户与消费情况
来源：CNNIC；Internet Live Stats；BCG 分析。

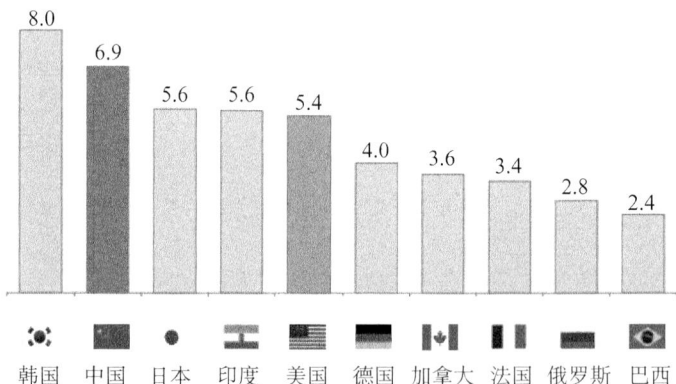

图 1.2 世界各国互联网相关的经济板块在总体 GDP 中的占比（%，2016）

来源：国家统计局；BCG 分析。

1.3 新媒体的含义

什么是新媒体？互联网、手机、户外媒体、移动电视、计算机游戏、CD-ROM 和 DVD、虚拟现实，这些都是新媒体吗？那么以数字形式或者在网络上播放的电视节目呢？使用 3D 和数字技术制作的电影呢？还有图像图片、格式、文字说明等，它们在计算机上制作然后印在纸上，这算新媒体吗？

目前，世界上对"新媒体"的定义还远未统一。美国的列夫·曼诺维奇（Lev Manovich）认为，"新媒体将不再是任何一种特殊意义的媒体，而不过是一种与传统媒体形式没有相关性的一组数字信息，但这些信息可以根据需要以相应的媒体形式展示出来。"清华大学新媒体研究中心主任熊澄宇教授认为"新媒体是个相对的概念，例如，相对于报纸，广播是新媒体；相对于广播，电视是新媒体；相对于电视，今天的网络又是新媒体"。当然，在一定的时间段内，新媒体的内涵有其相对的稳定性，如从印刷媒体、电子媒体到数字媒体。一般来说，新媒体是指 20 世纪后期在信息技术产生巨大进步的背景下，以数字技术、通信技术和网络技术为基础，以互联网为代表的具有跨越时空性、即时性、互动性、传受一体性等特点的新型媒体。就其外延而言，新媒体主要包括基于电缆宽带连接的互联网、基于无线传输的移动互联网、都市数字电视网、电子计算机通信网、部分户外数字媒体、利用多媒体技术形成的广播网，从上面的多种类型中不难理解，新媒体的基础是利用数字技术传播相应的信息，并通过计算机设备和互联网来分配和展示信息。所以，利用计算机和互联网对文字信息传播可以被看作是新媒体，比如新闻网站和电子图书，相反文字信息通过纸张进行传播就不是。同样地，照片如果需要通过计算机来进行浏览被认为是新媒体，而同一张照片放在图书中被传播就不是。

然而，新媒体的含义要比以上所提到的复杂和深远得多。以计算机网络和数字技术为基础的媒介革命影响了信息传播的过程，包括信息的获取、信息的控制、信息的储存和信息的发布。以什么方式使用数字技术和计算机进行信息采集、创造、保存和发布使得媒体成为"新"媒体，这是我们需要理解的关键。

在本书中，新媒体主要包括以下几个方面：

（1）基于互联网的新兴媒体。互联网是新媒体的开山鼻祖，是一切新媒体发展的起点。互联网与传统媒体的主要区别在于信息传播的特征与形式不同，互联网的传播极具数字化、互动性和跨越时空性，信息量的空间性能够不断扩大，在互联网的基础上形成的门户网站、博客、网络视频、搜索引擎都方便用户在相应的设备上上传下载信息，最大限度地发挥新媒体的互动性。

（2）基于移动通信技术的新兴媒体。互联网和移动通信技术的结合，催生了智能手机和 iPad 等移动端设备新媒体。移动端新媒体功能的扩大，不但使基于互联网的新媒体可以更加方便地使用，还创造了更多适合移动传播的新媒体，比如微博、微信、手机游戏、手机出版等。这些都是典型的融合媒体形式，属于新媒体的范畴。自此，新媒体的自媒体性得到强化，个人信息能够实现社会化共享。社交媒体的用户可在移动设备端将自己的最新动态以文本、图片、视频的形式发送到朋友圈、好友圈。微博和微信两款明星级 App 产品将移动通信技术和互联网有效地深度融合，成为新兴媒体的代表。

1.4 新媒体传播的基本模式

新媒体的传播模式是对传统媒体传播模式的创新，这种创新模式也是适应社会文化和关系发展而产生的，技术的进步使其成为可能。

首先，基于"传播者——内容——受众群体"的模式，传播者在整个信息链上居于主导位置，内容的制作和发送都是由传播者发起的；受众被动接受内容的传送，所接受的内容大多是模糊的、难以区别的，在信息爆炸的现代社会，清晰而可识别的知识和信息传播是大众所渴求的。原有的那种自上而下的、传者很少而受众很多的传播模式越来越难以影响受众，信息价值降低，成为冗余的信息。新媒体传播形式不同于传统媒体，在新媒体传播形势下，传播者发展成为一个大的平台，更多的传播者形成了多种类型的组织，发展成为内容扩散的聚集池，受众群体不仅可以自己进行内容的制作，还能够在聚集池中直接进行信息的传播。作为内容的传播者应当制作出精美的内容来吸引更多的受众群体，使受众群体吸收清晰可见的内容，受众群体也可以形成各自的组织积极参与内容的编辑，制造出相互学习的环境，与传统媒体相比，新媒体在很多方面实现了超越，主要体现在传播特点、传播能力和传播效果上。

其次，新媒体在传播速度上比以往任何媒体都要快得多。在高新信息技术的支持下，新媒体传播的速度不断加快。信息收集、信息发布是制约传统媒体信息滞后的几大关键点，新媒体传播方式的快捷性显著地缩短信息传播的时间。传统大众媒体经过信息的层层审核后，信息转化为文字、图片、影视等表现形式，报纸、电视新闻等的制作发行，各个环节都会延长信息的传播时间，出现信息的滞后，受众群体在进行信息反馈的时候也会面临信息发送延迟的情况。智能手机设备和互联网的有效结合，利用移动通信技术进行信息加工，信息将迅速地发送和传播，信息的收发能够在同一时间进行。新媒体的出现，突破了信息传送的时空限制，用户只需要终端设备和互联网便可以实现信息的快捷沟通和交流。

最后，新媒体的出现提升了信息传播量，新媒体中集合了大量的信息，联结了无数个庞大的数据库。从总体上看，网络媒体可供利用的信息是"源源不断"和充分的。唯一限制新媒体发展的是计算机和移动设备的储存空间以及网络的带宽。一般来讲只要设备满足条件，新媒体的平台可以存储世界上各类大容量的有效信息。不仅有大容量的特征，新媒体还包含"易检索"的特点，搜索引擎能让你搜索到所需要的信息。

新媒体最大限度地体现了包容性、平等性和参与性。在这个平台上，所有参与者的意见都可以进行传播，社会各个方面的观点和信息得到最大限度的包容。素人也可以利用手中的智能设备形成属于自己的平台，交流自己的观点，发出自己的声音，在进行信息的沟通时没有任何一方比另一方更高贵，自以为掌握控制权的一方如果一意孤行往往会遭到多数人反对，最后失去话语权。对新媒体的一些表述如自媒体、公民媒体等都在说明新媒体与传统媒体的一个显著区别就是媒体的平等参与。新媒体时代的发展，不仅仅促使网民地位的提升，也形成全新的文化氛围和新媒体生态环境。

第 2 章　新媒体特征

对于新媒体的概念，学界存在争议。网络媒体刚刚面世时，人们称之为"新媒体"，国内微博、微信等互联互通的应用以及国外 Twitter、Facebook、Instagram 等社交媒体的使用，以及跨越媒体平台的 App 和各类媒介应用不断丰富新媒体的概念和内涵，为新媒体的理论和实践提供了更多的参考。

新媒体是指借助计算机来传播信息的载体，按照这个概念，网络媒体、智能手机以及未来的智能电视都属于新媒体的范畴（匡文波，2012）。

2.1　以数字化为基础

新媒体的出现源于传播技术革新，新媒体的根本特点是数字化，其他特点都以此为基础。在互联网环境下，数据的输入、输出、存储、运算均以数字方式进行，信息的生产方式数字化，以比特的方式来呈现文字、图片、视频、音频信息。信息流的传输是以数字流为基础，以有限数 "0" 和 "1" 的组合和排列来表示。

同时，网络传输数据的能力用一定时间内通过网络链路的数据量来表示，即每秒传送的比特量，也就是带宽。在 Web 1.0 时代，音频和视频信息的传送由于带宽限制，传输受阻。移动通信技术的发展历经 1G、2G、3G、4G 阶段，1G 模拟通信系统以模拟语音调制技术为基础，2001 年，中国移动全面停止使用模拟移动电话网络，2G 进入数字蜂窝通信阶段，全球移动通信系统（GSM）是首个商业营运的 2G 系统，信息传送以数字传输为基础，传送速度和系统容量较 1G 有所提升。3G 以移动宽带技术为基础，采取国际宽多码分多址（WCDMA）和码分多址 2000（CDMA2000）标准，以及国内的 TD-SCDMA 标准，允许数据快速传输流通，传送速率较 2G 技术进一步提升。而 4G 通信以高速融媒体传输技术为基础，集成 3G 和 WLAN，是大带宽和高容量的高速蜂窝系统。移动通信技术从第一代模拟手机时代发展到如今的宽带移动网络时代，多媒体信息能够以高达 100 Mbps 的速度传送。信息生产的数字化，传送带宽的增加带来信息量传送的巨大扩张，数字化伴随着巨量信息的传播，也带来信息批量复制和传输过程中即时传达的便利。同时信息的数字化生产和人工智能技术的飞速发展，使得新闻的机器生产，网络虚拟主持人播报，虚拟新闻发言人等虚拟信息生成方式得以产生，并对传播过程中传播者与用户的角色互动产生影响，瓦解了传统大众传播过程中的传者与受众的角色定位，深刻地改变信息交流和社会生产生活方式。

2.2　互动性

新媒体传播尤其是社交媒体具备人际传播和大众传播的双重性质，以往的报纸、广播、电视等，信息的传者是专业化和职业化的媒介组织，受众是分散的、异质的、广泛的社会上的大众。传播者运用传播科技，以产业组织的方式，对信息进行批量生产、复制以及传播。从传播过程的性质和传受双方的互动来看，其既是制度化的社会传播，又是缺乏即时反馈的单向性的传播，受众难以迅速地通过正反馈和负反馈的方式，直接作用于传播者和传播进程。新媒体打破了大众传播和人际传播的界线，人际传播具有信息传输和接受渠道丰富，方式灵活的特点；具有传受双方反馈频繁，双向沟通的特点；是最为高效率的传播方式，也是使用表情、姿态、语言等最多的传播活动。新媒体具有人际传播的上述特点，在信息传播过程中，参与者之间的互动性大大增强。信息生产和消费的界线被打破，信息用户之间，传者与用户之间，利用微博、微信、论坛、公告板、网络视频、网络游戏等方式实现即时的互动。新媒体既是信息交流和传送的重要渠道，也是文化传承和社会协调的手段。就微观的传播过程而言，网络表情包、网络热门语言等网络传播方式的创造和使用，表达语言之外的意义，丰富了新媒体的传播话语，如同日常人际传播。微信朋友圈的自我表达和自我暴露，间接实现了人际传播的自我发展和自我完善功能。

新媒体传播过程实现了用户与用户之间，信息生产者和消费者之间话语权力的平衡。信息的传送方对于信息的控制不再是单向和线性的，传受双方各自作为主体，身份是互相转换的，反馈是在传受双方之间即时进行的。不仅信息的交流是双向的，而且参与传播过程的双方甚至多方对于信息传播环节都有一定的控制能力。内容运营商将自己定位为联结信息内容和用户的中介和桥梁，以商业意识运营、链接用户和内容。例如信息内容聚合商今日头条，通过大数据分析、云计算等先进技术，运营商可以不被用户知觉地记录用户浏览的时间、网页以及停留时间、用户偏好等信息。用户可以自由选择浏览或不浏览，浏览后也能够自由发表评论，其他用户在浏览新闻内容的同时，也能浏览他人的评论，并随时互动。运营商在向用户推送的移动页面和内容呈现末尾均设立了按钮，用户可以在点击之后，表达对信息是否感兴趣以及不喜欢理由，用户能够即时反馈，而运营商能够借此分析用户行为，以便更好地推送信息。在新媒体传播的进程中，大众传播的制度化生产特点和人际传播的非制度化生产特点兼具，以多元符号表达的视频节目来说，观众的自主选择取代了传统主流媒体的节目单，各类屏幕数字终端使得综艺或电视剧等传统电视市场的节目价值不再通过收视率来衡量，而是通过优酷土豆等网络视频聚合平台的点击量、观影量以及搜索平台的搜索量来衡量。

在新媒体环境下，人人拥有麦克风，人人都能生成信息内容，内容产业的制作和传送主体突破了专业媒介机构的范畴，新媒体打造了规模庞大的、分散的传播主体，数字信息的采集和获取已经不是专业传媒机构的专利，数码相机和智能手机等数字设备的市场表现符合摩尔定律，价格更加低廉，功能更加丰富，这一类数字设备很快普及。图片、图像、视频的采集变得更加容易，网络平台的各类数字编辑教程和图片编辑宝典，以及开源的各类数字信息编辑 App 的运用等综合因素，促使数字信息的生产门槛降低，数字信息的传送更加便捷，只需要单击发送按钮就可以实现。在信息传播过程中，用户可以自由选择感兴趣的话题和小组，改变了传统媒体带有强制性质的单向信息传送和受众的被动接受模式。

2.3　突破时空界限的即时通信

信息生产、制作、传输和接受的数字化是新媒体的根本特点，其他的特征均以此作为基础。基于数字技术的通信技术的发展，带来了信息生产量的增加和信息传送速度的增加，信息的迅速传递，打破地理区域的限制，突破时间的约束。按照媒介的补偿机制，任何一种新媒介的出现都是对既有媒介不足的补充和完善，扩大了社会传播的范畴，改变了社会文明的表达和呈现方式，如电报技术塑造了新闻写作的倒金字塔结构。新的传播技术革命消解了传播的时空限制，打破了传统信息生产机构的话语霸权，以及对于媒介占有形成的知识特权和信息特权。就物质的空间传送而言，物流是市场营销进程中重要的环节，而对信息的空间传送而言，传播技术使得地球变成地球村，空间距离被大大压缩，物理的空间区隔功能减弱，区域之间、国家之间的信息传播限制趋于减少，跨文化的传播对政府的国家治理和文化安全形成了挑战。不同时空的文化相互碰撞，赋予社会大众新的认知和叙事方式，诸多新媒体应用的不断面世，为人类文明进程带来崭新的发展方向。

2.4 超文本形成链接，互联互通

超文本是指将信息单位组织到用户可以选择的关联中，是一类非线性存储、组织、管理和浏览信息的计算机技术。其信息呈现方式数字化，信息与信息之间关系的建立和表示通过超链接实现。这一技术以信息的互相关联的方式展示真实世界的系统和知识，大大拓展了信息组织的方式和信息用户的思维地图。信息选择和控制权在用户手上，信息内容之间彼此通过超文本链接，为人与机器的交流提供了一种新的、更符合用户习惯的方式。数字使得信息呈现的方式越来越随心所欲，满足了用户需求。语音、文字、图像、图片、视频等符号之间的界线被数字化打破，各类符号之间的任意转化和互联互通成为趋势。

2.5 媒体平台的开放性

新媒体搭建开放的内容平台，开放和共享是互联网与生俱来的基因，开放意味着内容平台的自由接入和输出，以及用户上传和下载、浏览内容的便利性。

新媒体平台的应用和表现形式在不断改变，手机媒体出现时被称为第五媒体，当时有很多人认为手机短信、手机报是手机传播的主要表现形式，现在回看不过是由于技术发展的限制带来的一叶障目。随着智能手机的普及，手机的功能类似于掌上电脑，是一个数字媒体终端，数字信息的采集、编辑和传送、接受过程均可以通过手机实现。

新媒体是面向制度化的媒介机构和分散用户个体的开放平台，用户群体的自生成内容备受关注。如网络长评、微信公众号的评论，用户上传的音视频信息等。当下，新媒体的运营机构正在不断加强内容平台的开放性建设，实现对原创内容生产的激励。以互联网龙头企业腾讯为例，2017 年 11 月，腾讯发布内容生产促进计划，斥资百亿元，以"一点接入、全网接通"为诉求点，将集团所属的高流量互联网应用界面包括全民 K 歌、视频平台、社交平台、直播平台、新闻平台等全面整合，以此鼓励内容创作者，促进内容生产和发行、内容盈利生态产业链的建成。新媒体内容的数字化和网络互联平台的运营，联通内容创作的上游和下游受众的需求，打通流量大的众多数字传输平台，内容创作者不需要到每一个平台注册账号，只须登录就可接入，整合多个内容数字平台，实现用户与内容创作者的更好联结。鼓励用户自生成内容的商业举措是互联网行业近期的潮流，2016 年以来，互联网知名企业百度、阿里、腾讯、今日头条等纷纷推出了各种针对内容生产者的扶持策略，通过技术赋能，运用社交媒体积累的大数据，挖掘用户心理和行为偏好，推送用户感兴趣的内容，帮助产业链的上游寻找和定位用户喜好，顺应市场潮流，生产出受用户欢迎的内容。又如近年流行的 IP 热和 IP 的全媒体平台开发，网剧发展如火如荼，影视生产平台与网络平台、电视平台相互结合，影视剧的制作依托网络文学和已有的热门作品，企业热捧 IP，IP 投资规模空前，IP 价格暴涨，其实质是跨媒体平台的内容运营。热门 IP 前期经过网络传播的筛选，传播范围广，集聚了口碑，具有庞大的用户群，投资方借助成熟的 IP，吸引大量的用户，降低投资风险。热门网络文学作品如《甄嬛传》《美人心计》《琅琊榜》等大量网络作品经过改编，成为年度大剧。电视综艺节目也借助已有的品牌效应，改编成电影作品，《奔跑吧！兄弟》等节目走上大银幕，亦票房不菲，新媒体平台的开放不仅实现了信息的全媒体传播，也实现了信息内容的深度加工和增值，促进了产业链的整合。

　　在信息生产的过程中，无论是媒介机构的制度化参与，还是自媒体用户的自行生产，都带来了庞大的信息量。智能手机、iPad、Kindle 等数字终端的普及带来信息生产和传播的便利。新闻本就是时间的易碎品，在新媒体环境下，新闻价值的时效性显得更加重要，一周前的新闻热点话题可能早就被人们遗忘，新媒体环境信息的巨量带来信息轰炸，加剧了信息理解的难度，更促进了用户对信息的选择性遗忘。然而，信息获取的便利，带来信息筛选的困难，淹没在信息的海洋里的危险并不比信息贫乏低。可以预见，新媒体的应用形式和表现将会不断地革故鼎新，新媒体一对一传播的点状传播方式和多对多的网状面上传播方式的融合，将使社会传播进程中多元传播主体、传播过程智能分发、用户分化等特点表现得更加明显。信息传播秩序正在不断改变，传播理论将不断受到冲击。

第 3 章　新媒体受众

受众是互联网这一新媒体形态未出现前，传播理论中对于信息接收方的总称，报纸的受众称为读者，电视的受众称为观众，广播的受众称为听众，传播效果研究是大众传播理论中研究成果最为丰富的部分，而传播效果能否实现取决于受众的反应和行为，受众是决定传播效果和传播活动成败的关键。

受众是社会上的普罗大众，具有：规模巨大；地理位置分散，彼此异质，分散于社会各个阶层；没有组织结构化，其行为多受外在力量的影响；以及成员之间不熟悉，身份不确定等特点。

3.1　精英与大众

早期精英主义的立场认为，受众都是群氓，属于乌合之众。因为其无知而缺乏理性，无视法律，品位和兴趣低级，常常受暗示以及感染等群体支配机制影响。大众传播以及工业革命生成了缺乏历史担当和义务精神的平庸大众，大众所消费的大众文化是低级和庸俗的，大众文化冲击着精英文化，大众的崛起将挑战并压迫富有创造力、具备理性意识的少数社会精英，导致道德水准的下降和国家的衰败。在英国学者马修·

阿诺德（Matthew Arnold）看来，文化是精英的专利，大众文化是精英文化的死敌。

第二次世界大战期间，德国学者深刻反思法西斯统治，试图回应社会失调和解释法西斯体制出现的社会原因，认为自由放任与无计划原则之间冲突，造成文化危机。大众传播为精英阶层提供了控制和操纵大众的手段，例如法西斯对于民众的宣传动员和煽动，使得大众成为其理念的狂热支持者。大众文化对于精英文化取而代之，在社会中占据主导地位。

第二次世界大战结束后，西方许多学者重新认识大众，威廉·孔豪瑟（William Komhauser）认为精英与大众的影响是相互的，大众容易受到精英的操纵，而精英又容易受到大众的压力。文化工业日益发达，大众传媒业大量供给娱乐产品和信息产品，塑造了大众文化的同质性。美国社会学者赖特·米尔斯（Wright Mills）在《权力精英》中，分析美国社会的权力结构及权力运作逻辑，指出美国并不自由民主，是军事首脑、公司富豪等权力精英而不是普罗大众在治理美国，精英与大众两级深刻分裂，彼此之间矛盾重重，导致美国社会各类失调现象出现。

上述诸理论无视受众作为信息生产者和受众的主体地位，单一而片面地看待受众。对于大众的认识，大众社会理论常常持精英主义的立场，将精英与大众对立，认为大众是弱小无力、分散的原子，受众是被动的存在，只会接受精英的影响。从报纸、广播、电视等大众传播工业传播过程的单向性和社会功能而言，受众之于制度化的传播机构，相对处于弱势地位。而互联网以及移动互联网的兴盛，新媒体的崛起，彻底改变了受众的弱势地位。

3.2 受众的权利和媒介的权利

受众可以是社会群体的成员，也可以是商业经济中的目标市场，就传播过程而言，传者与受者是信息传送链条的两端，就文化工业而言，传媒与受众更像是"卖方"和"买方"，收视率、发行量、收听率等指标是衡量传媒机构节目制作成功与否的唯一标准，传播的社会效益和社会功能被无视。受众既是文化工业的消费者，也是信息传输进程中享有权利的主体。受众权利通常包含而不局限于以下权利，即传播权、知情权、大众媒介接近权。

大众媒介接近权顾名思义是指社会成员均具有接近媒介、使用媒介自由发表言论的权利。媒体是社会公器，受众传媒接近权的实现需要物质基础，这在传统大众传播体系里很难实现，而网络传播重构了传播生态，受众可以自由地通过智能终端阐述观点、发表意见、说明看法。

网络传播促进了传媒接近权的实现，提高了传受双方互动的效率，人际传播是真正的多媒体传播，而网络传播具有类人际传播特点，除了借助各类多媒体符号以外，能够真正实现信息的即时反馈，在物理条件上实现了反馈的技术基础。传媒接近权暗示了受众不是被动而是主动地选择信息，在网络传播空间中，受众自发自觉地参与到事实真相的发掘和对事实的评论中，对传播机构客观上产生了制约。信息源不局限于传播机构，信息源的多元建构有利于民主制度的实现。

新媒体突破了传播机构对于信息生产的特权，或者说突破了传播机构的话语霸权，新媒体准入门槛不高，不需要受众有很高的文化素养，即使受众不能识字，依然能够拍照发朋友圈，并不妨碍受众自由地表达思想感情。传统传播理论认为，信息生产过程中会进行把关，而把关的原则之一是符合传媒机构的利益，在这种情况下，很有可能使得符合传媒机构利益而违背公众利益的信息得以表达。

我国属于大陆法系，现行法规中，关于媒介权利并无明确的规定，受众权利与媒介权利相互关联，媒介权利许多是从受众权利中衍生而来。1951 年，国际新闻学会提出了自由采访、自由通信、自由出版报纸和自由批评等标准，用以作为评价新闻自由的准则。

首先是自由采访，由此引申为采访权。该权利意味着新闻记者有权利对所发生的任何新闻事件进行采访和发掘事实真相。政府机构以及机关单位或是个体，应对新闻记者的采访活动给予便利。新闻记者的采编等正常业务工作，不应当受到干扰。这一权利其实来源于受众权利中的言论自由权和知情权，专业的大众媒介和新闻记者可以作为民众的代表，发掘事实真相。采访权利是记者开展各项新闻活动的基础。在新闻业务的实际开展中，这项权利常常被侵犯，出现组织机构不接受记者采访或不愿意面对社会大众的情况。

其次是自由通信，引申为自由通信权，即无论新闻事件发生在国内外，记者有权将采访所形成的新闻优先传送至所属新闻单位，如果传递受阻，应视为对此项权利的侵犯。该项权利可从我国宪法规定的公民享有批评建议权、人身安全保障权推导。

最后是自由出版报纸和自由批评，可以衍生为舆论监督权。舆论监督是民众参与政治生活的形式之一。舆论监督的主要对象应以公共权力为主，以国家各层级的权力机构和公务员以及与公共事务和公共服务相关的人和事为监督对象。舆论监督可以从以下层面入手，对国家决策做报道和评论；对国家各级公务员的工作做报道和评论；对一切违法违纪的人和事做报道和批评。如《南方周末》的批评报道，以及央视《每周质量报道》栏目，都取得了较好的效果。记者在运用此项权利时，需要慎重，多方核实信息，保证新闻报道的真实性。记者进行新闻调查，展开正常范围的业务工作，实施舆论监督权利时，常是单兵作战，很容易受到阻挠，有时甚至受到人身安全威胁。而作为个体的记者所享有的人身安全权既是宪法所赋予的一般公民权利，也是作为新闻单位工作人员的基本权利，是法律舆论监督权实现的保障。

新媒体带来传受双方权力关系的重构，一方面，之前被传播机构忽视或无视的社会现实或信息内容在网络上获得关注，另一方面，汹涌的网络舆情对政府和媒介权利实施了舆论监督。对媒介权利的监督不可能只依赖媒介的自律，必须突破媒介机构的话语特权。网络舆论力量通过众多网络事件得到彰显，网络舆情甚至可使事件进展出现反转。互联网的开放和包容推动了网络舆情和网络监督的发展。网络跟帖、评论、转发多数是普通人有感而发，随性而为，对网络舆情的观察、监测和趋势预判日益受到重视。

3.3　使用满足理论

受到行为主义思潮的影响，早期魔弹论将信息视为刺激因素，受众就是靶子，接触到信息的魔弹后，应声而倒，受众被信息驱动，对信息毫无辨别和防御能力，单向度的接受信息洪流的冲击。由此认为大众传播具有强力效果，这一理论完全无视受众的自主性和能动性，也符合在客观现实条件下，受众对于信息的选择性接受、选择性理解和选择性记忆过程。

对受众的重视，以使用和满足理论为代表，该理论重视受众的传媒接触动机和使用形态，重视受众对于媒介选择和使用的心理研究，认为受众使用媒介是有主体意识的过程，是为了达成自我满足。广播媒介的使用基于获取知识、自我评价的需求；印刷媒介的使用基于获得社会威信、维持社交、获取外界消息、闲暇休息等需求；电视媒介的使用基于情绪转换效能、人际关系效能、自我确认效能以及对周边环境监测的效能。伊莱休·卡茨（Elihu Katz）提出使用满足理论的基本模型，认为社会因素和心理因素促成受众的媒介期待，进而接触媒介，借此满足信息需求。这一理论以受众为导向，视满足信息需求为测量大众传播效果的标准，明确了既存的信息需求对传播效果的约束功能，纠正了既往精英立场所持的"受众是被动的存在"这一观念的偏差。尽管使用满足理论重视受众，否定了魔弹论，但将受众的自主能动过程局限于对于媒介信息的选择范畴，未能充分体现受众作为传播权利的主体所具有的能动性。

3.4 受众到用户的转变

新媒体将改变一切，不管精英阶层是否愿意，它将消灭一种文化，创造另一种文化。受众到用户的概念转变，以及社会、学界、业界对于受众认识的转变是新文化的表征。网络用户获取信息的方式为用户自主地从互联网中获取信息，对于内容的浏览和接受存在显著的能动特点，完全不同于既往大众传播媒介所采取的信息推送方式。互联网创造了互动的场景，人人都是信息生产者和信息接受者。信息传播的方向由单向传播变成交互传播，由一对多的传播变成多对多、一对一以及一对多的网状传播，从根本上改变了受众被动接受信息的地位。

在新媒体环境下，用户需求直接作用于内容生产和媒介机构行为。社交媒体重视用户，以顾客满意战略为企业营销战略首选，强化用户的社交关系链，增强用户黏性和依赖感，提高用户让渡价值，加强媒体的社交属性以保留用户。例如微信支付为切入移动支付市场，与支付宝竞争，推出微信红包，找到了切入点。红包加强人群的社交联系，微信支付线下高频交易支付，是支付宝的有力竞争者。该产品基于人的社交需求而带动移动支付需求，重视支付的便利性，深入农村市场，如今在田间地头，街头巷尾，买菜、买早点，微信支付应用已十分广泛。

在内容生产领域，用户的介入改变了内容生产进程，如《纸牌屋》的出品方兼播放平台 Netflix 通过对 3 000 万条用户搜索决定了"拍什么、谁来拍、谁来演、怎么播"。又如近些年数据新闻的崛起，英国《卫报》的大选报道，提高了用户参与度，允许用户对政党政策进行条件查询，自行做出投票选择。而我国国内各大门户网站也纷纷推出数据新闻相关板块，如网易的新闻数读，新浪的图解天下，搜狐的数字之道，人民网的图解新闻。"大数据"就是数据科学（Data Science）的一个高阶状态，数据新闻以数据挖掘为基础，要求数据以可视方式呈现，并用多类手段表现内容，以增加信息价值，记者更好地讲故事，用户更容易理解。其生产和运作均以用户需求为中心，用户数据决定新闻热度和排序，依据用户点击热度、转发量、评论量决定新闻版位和主次排序以至于重构新闻生产过程，数据新闻改变了讲述新闻故事的方式，增强产品与用户的交互性，改善用户体验，提高用户满意度。新媒体只是工具，数据只是方法，用户的信息需求不变，数据可让用户搜索更多信息，允许用户确认记者工作的有效性，数据可让更大的组织参与到后续的故事和行动中，数据新闻只是讲故事的一种手段，吸引用户阅读故事。数据新闻的崛起是由用户构成的市场倒逼传媒机构再造新闻生产和编辑的过程。

人类社会形态历经农业社会和工业社会，现在正在迈入信息社会。信息与物质和能量三者是社会运行的基本元素。人们越来越多地借助媒介相互沟通和交流，以至于没有媒介，人们就没办法去理解任何东西。在信息社会，信息获取和生产相对容易，使得信息空前丰裕。然而，信息丰裕也带来信息爆炸和信息过载的问题，传播科技革命造成信息总量大大增加，在无限的信息和有限的信息处理能力之间，人们陷入信息无序泛滥的包围和压迫之中。各类完全出于传者利益的垃圾邮件、广告邮件不仅造成社会资源的浪费，也对用户造成困扰。在新媒体环境下，受众表现得更有主观能动性，称谓转变为用户，但信息的丰裕并不意味着用户有行为决策的更大自由，反而面临信息过载的难题。

第 4 章　新媒体融合

　　新媒体技术发展势头迅猛，新媒体用户数量逐年增加，据中国互联网信息中心发布的历年互联网发展报告，2014 年年末，全国网民人数为 6.49 亿，互联网普及率为 47.9％，媒体接触时间为人均周接触 26.1 小时，每天网络接触时间均数为 3.7 小时。2015 年，网络设施稳步推进，一季度末，全国光纤到户端口达到 3.9 亿个，2015 年年底，我国平均宽带接入网速以兆（Mb）计算，达 20.05 Mbps，比 2014 年的网络带宽提速接近 3 倍，移动终端的接入用户进一步增加，手机网民用户规模达 6.19 亿，占网民的 90.1％。2016 年首季度末，4G 网络已覆盖我国国内所有城市和主要乡镇，用户规模为 5.3 亿，大于美国和欧洲 4G 用户量的总和。《世界互联网发展报告 2017》显示，至 2017 年 6 月，全球网民总数达 38.9 亿，其中，中国网民规模达 7.51 亿，居全球首要位置。国内网民中使用手机上网的比例继续上升，手机网民规模达 7.24 亿。

　　新媒体依托二进制编码，信息以二进制的组合表示，新媒体的信息载体或载具如电脑、数字电视、智能手机、平板电脑等终端能够存储、接收和传送二进制信息，通信技术为视频、音频、文字等格式的信息传输提供了基础，媒介融合以及媒介信息内容的融合以二进制为基础。

4.1　媒介融合是技术创新的结果

学界对媒介融合的界定说法不一，媒介融合并没有一个统一的定义。有的从技术融合层面界定，有的从媒介产业融合的层面界定，有的从政府对媒介的管制、法律规范融合层面界定。无疑，互动是新媒体发展的关键词，各类媒介符合有机融合，传统媒体与新媒体互动频繁。媒体平台之间互联互通，界线趋于瓦解，多媒体信息内容为信息立体呈现以及信息传播内容的个性化提供基础。媒介融合以先进数字传播技术为依托，新媒体与传统媒体之间界限趋于模糊，两者实现互补和资源共享，表现在媒介形态的融合、媒介业务的融合、媒介产业的融合、媒介平台的融合和媒介法律规范的融合等层面。媒介融合是各国政府政策鼓励的方向，目的是在提升本国媒体在国际上的竞争力。

云计算、物联网、大数据等关键技术的发展和兴起是引领经济发展的火车头，是建设现代化经济体系的战略支撑。目前，中国已经成为全球最大的移动互联网市场。新媒体的融合带来数字经济的全面发展，改变了实体经济的发展战略。数字经济与实体经济相互融合，为数字经济和实体经济的继续发展带来更大的可能性。全球 22％ 的 GDP 与数字经济高度关联，互联网作为先进传播科技和传播力的排头兵，引领产业革命。

媒介融合是技术创新的直接后果，当下数字经济迅猛发展，共享单车、支付宝、微信支付、银联云闪付等都是数字经济发展带来的日常应用。数字经济是全球经济发展的新动能，这一观念是各国发展的共识，媒介融合带来数字经济的发展，数字经济发展的基础是数字经济与传统的各行业相互结合，互联网思维和方法以及技术运用于各行各业，云计算、大数据、物联网、AI 等新兴技术方兴未艾，持续推动数字经济发展。

4.2 媒介业务和媒介平台的融合

我国新媒体的发展从经营形势来看，民间资本和民营的互联网公司占有较大市场份额，拥有较多用户规模，而传统媒体依然占据内容生产的优势。从事新媒体产业的企业往往以内容流通平台和接入用户终端作为主要优势。在新媒体商业领域，电商平台如京东、淘宝等纷纷建立实体体验店，传统百货超市和商场如苏宁也纷纷开设网络销售平台，而在新媒体内容生产和流通领域，在传统媒体和新媒体的互补方面，如同电商平台和传统商业形态的竞争合作一样，新媒体公司千方百计地做内容生产，而传统媒体也极力去开拓新媒体平台，例如国家队的主流媒体新华社、央视、《人民日报》等纷纷推出自己的客户端，而腾讯等网络公司也纷纷投资内容生产和制作。传统的影视制作公司纷纷涌入 IP 市场，发掘拥有庞大用户阅读量的网络文学市场，

新媒体不但改变了媒介的格局和生态，也推动着社会和政治经济格局的变化。以美国总统选举为例，罗斯福借助当时的"新媒体"——广播开办了炉边谈话，肯尼迪借助当时的"新媒体"——电视赢得了总统大选，特朗普在选举时，在美国传统主流媒体上没有获得比竞争对手更广泛的支持，转而着力于社交媒体，赢得了中下层选民的支持。

在移动互联用户数量占据多数比例的背景下，门户网站、传统主流媒体投入巨资，下大力气开发新闻 App 和手机 App，以抢占移动互联网的份额，例如网易新闻 App、搜狐新闻 App，国家队也不甘示弱，《人民日报》App、中国网络电视台 App 纷纷上线，而民营科技公司如今日头条 App 也通过内容整合和搜索，抢占移动信息消费市场。各类互联网应用更加强调硬件设施的兼容性，能够兼容不同系统的智能手机和移动终端，传统新闻媒体几乎做法一致地推出微博、微信以及新闻客户端以扩大影响力。媒体内容在不同媒体平台之间和硬件设备之间共享。互联网的早期应用如邮件、博客、公告板等一度风靡，一些应用虽然具有聚集用户的广场功能，但信息在用户彼此之间的流动受到限制，

而打通了不同硬件设备的社交媒体应用如微博和微信不仅聚集用户，也提供了信息在用户彼此之间的流动程度。不管是关注、评论还是转发，或是分享，都是社交媒体的基本功能，用户之间的相互关联和关注驱使信息以裂变速度传播，从单个用户内容的广播到用户粉丝群收听、转发和发言点评。信息的分享和散布背后是人际的互动。微博提供了网友们自由选择和交流信息的平台，搭建了人际互动和群体互动的社交平台，这一社交网络的建立并不依赖于传统意义上的熟人，微博允许"关注"任何人，可能是陌生人，也可能是用户希望认识的人，通过这一社交网络，用户拓展了真实的人际网络。这类社交媒体突破了大众传播与人际传播的边界。

媒体融合是依托先进技术，各类媒体在内容、平台、业务、经营和管理、渠道等层面的深度融合。媒介业务融合使得多媒体形态的融媒体得以出现，而传统媒体与新媒体之间的渗透程度加深，平台和流量备受重视，互联网企业如盛大、百度、新浪微博等纷纷搭建平台，例如新浪微博平台的地理应用，基于定位功能可以为用户提供出行等各类服务。

4.3　媒介融合对产业发展的影响

新兴媒体是推动经济结构调整、转变经济发展方式的重要引擎，新媒体相关产业是我国发展绿色经济的新兴战略产业之一。

美国自 1996 年实施《电信法》以来，鼓励传媒业自由竞争，以提升国内传媒业的国际竞争力。传媒业与其他行业的并购活动不断，媒介所有权集中度提高，跨媒体、跨行业的集团运营更是司空见惯。CBS、NBC 等美国前 20 位的传媒集团几乎都是不局限于传媒业务经营的多元化传媒集团。传统媒体与新媒体互联互通、互相认可、互相竞争合作。新媒体是用户需求和技术创新的产物，又通过不断的创新表现，推动生产经济和政治参与，国家和社群治理方式的创新。新媒体开发具有无限的商业价值和市场前景，iPad、Kindle 等电子阅读器的热卖开拓了数字出版的新领域，在线付费新闻开拓了传统媒体的市场空间，在线数字教育和微信公众号运营开辟了传统教育的新途径。网上新闻发布会、虚拟主持人、网上问政，政府微博、微信公众号运营，新媒体的洪流席卷并正在深刻改变和影响公民政治参与以及政府治理的方式。

2016 年，英国著名报纸《独立报》停刊纸质版，推出在线 App。纸媒会消亡的论断并不是危言耸听，纸质媒体在西方国家江河日下，市场份额不断下降。促进媒介融合，提升传媒产业的竞争力关乎国家的国际话语权，创建多元媒介平台和强有力的传播机构是媒介融合转型的必由之路。

以国家队中的央视而言，央视开办央视网，促进台网融合以占领舆论制高点。上线"央视影音"客户端、"央广快新闻"等移动客户端。借力媒体融合创新加速发展，促进信息产品生产的流程再造、有效提升融媒体内容制作的效率，融合采访、编辑、发行等产业链的各生产环节，创建立足于云平台的统一制作和播出系统，促进电视台和网络的内容制作合一，打造网络内容分发平台。互联网技术在电视行业的应用推动了传统行业的转型和发展，促进了电视行业的产业革新，央视的改革是广播电视行业在新技术挑战下为更好应对用户的个性需求而做出的发展策略的调整。

以新华社而言，传统意义上其属于国家通讯社，但是近年来，新华社加快战略转型，运用互联网思维，走多元运营体制之路。定位于国际一流水准的融媒体机构，打造提供信息定制和个性化的新华通集成服务平台，不断推出多媒体融合应用的产品形态。推出"新华社发布"客户端以及"新华国际"等将近 50 个客户端，以达到对移动互联网市场的全面覆盖，手机的终端产品种类广泛，达百余种，用户规模超过 2.3亿。此外，借力社交媒体，开设"新华视点""新华社法人微博发布厅"等微博群，用户规模以千万计。新闻生产从传统格局逐步向融媒体格局过渡，设立通讯社业务、报刊电视业务，以及数据库业务、网络业务，金融信息业务等综合内容。

以《人民日报》为例，《人民日报》是国内较早触网的新闻媒体。早在 1997 年，由该报主办的人民网上线，是国内首家中央重点新闻网站。近年来，该报提出"中央厨房"战略，面向国内和国际的 500 家媒体和网站提供多语种的新闻产品。依托《人民日报》，开办两微一端和户外屏幕作为融媒体传播平台，建立融媒体的立体传播体系，就用户数量而言，报纸的用户数量占比仅为一个百分点，《人民日报》的融媒体传播平台是以互联网和移动互联网为主，网络用户数量占据绝大多数。《人民日报》从顶层设计着手，打造完整的媒体融合系统，重构信息产品生产、传播以及运营管理系统。聚焦优质内容生产，整合资源创造价值，为行业构建信息产品生产的平台。就内部组织架构而言，内容策划、采编、发行的核心机构是总编调度中心，指挥全局运营。而采编联动平台的团队，服从总编调度中心的调配，生产融媒体信息内容，产品进入后台新闻数据库。新媒体中心总编室、人民网总编室、报社总编室等机构可以直接发布稿件，也可以对新闻数据进行再加工后发布。为激励融媒体内容生产能力，组建新的业务链，成立融媒体工作室。内部管理上，《人民日报》报纸、网站、新闻客户端以及社交媒体的运作采取项目制施工。融媒体工作室不仅扩展《人民日报》报纸版面的既有内容，而且提供视频、音频、图解、图像等形式的信息内容，这类信息内容又与报纸版面内容融合，间接提高了报纸的可读性。对于新闻线索的抓取，不仅可以通过记者自主进行，还可以通过网络数据筛选选题，并通过后期效果评估和追溯用户行为，深度了解用户使用和行为偏好，进行个性化推荐，以精准推送信息内容。

传统媒体和新兴媒体在内容、渠道、平台、经营、管理等层面的融合发展，须遵循新闻传播规律和新兴媒体发展的基本规律，强化互联网思维，坚持两者优势互补，以先进技术为支撑、内容建设为根本，促进内容生产的采集、制作、传输、接收、显示等各个环节以及管理的整个内容产业链的融合。当前，新媒体产业迎来发展的黄金时代，其与传统报业、广播影视产业之间彼此融合，深刻改变着传媒产业的发展格局。

第二部分

新媒体形态与应用

第5章 新媒体形态（一）：门户网站、新闻客户端、虚拟社区、搜索引擎、电子商务

对网络新媒体的理解，有广义和狭义之分。广义上，凡是依托互联网网络平台出现的媒体形式都可以称为网络新媒体。本章网络新媒体的范围则缩小了许多，主要介绍门户网站、新闻客户端、虚拟社区、搜索引擎和电子商务。

5.1 门户网站

1997年，门户网站（Portalsite）的概念提出，Portal 直译是入口的意思，换句话说，门户网站是用户利用网络的第一个关口。门户网站是将网络中的繁杂的信息进行收集、分类，并提供搜索服务，方便用户快速查询所需信息的网站。门户网站是综合性的网站类型，涵盖新闻信息的传送、搜索、电子邮箱、网上购物，形成锁定（lock in）效果。微软公司的专业词典上写道："门户网站提供新闻资讯、体育新闻、商业信息、旅游出行、搜索服务等信息。"门户网站也被誉为与报纸、电视传媒并存的"第四媒体"。1998年，雅虎推出的搜索引擎业务得到了广

泛认可。越来越多的综合类门户网站开始发展成为为用户提供搜索引擎服务的网站。门户网站初期大多依靠广告收入来盈利，浏览量的提升是投资者所希望看到的。但就从 2000 年 4 月份开始，网络经济泡沫开始破裂，门户网站因为单一盈利模式的限制，总体市值表现不佳。在此情形下，门户网站对自己的发展方向进行重新定位。网易的主要业务方向放在游戏服务上，新浪在推进网络广告收入的同时，也积极发展增值服务，搜狐则发展多种类型的业务服务，成为综合性门户网站。

1. 中国门户网站的进程

1997 年 6 月，网易成立，1998 年，搜索引擎类网站——搜狐出现，四通利方与"华渊资讯"达成合作意向，成立了中文网站"新浪网"。网易等门户网站在发展初期通过克隆雅虎的发展模式，实现了企业的发展。新浪、网易、搜狐也迅速成为我国的三大门户网站。1999 年至 2001 年，中华网、新浪、网易、搜狐相继在美国上市，股本数额都达到 5 000 万美元以上，充分证明中国互联网的发展潜力。就在门户网站红极一时的时候，全球的互联网泡沫迅速波及中国的互联网公司，2000 年年底，互联网公司面临大量的裁员、企业并购事件，行业步入出震荡调整的低潮期。如何实现盈利是中国门户网站急需解决的问题，各大门户网站纷纷进行战略转型，网易基于网络游戏端投入了大量资本，积极提升网站游戏服务水平，新浪不仅在网络广告上发力，提供的收费增值服务还将创收水平提升到新的层次，收费增值、网络游戏、广告收入也成为各大门户网站发展的新模式。随后，门户网站进入稳定发展的阶段。

2. 我国的四大门户网站

（1）新浪。新浪是一家服务于中国及全球华人社群的网络媒体公司。通过门户网站新浪网、移动门户手机新浪网和社交网络服务新浪博客、新浪微博所组成的数字媒体网络，帮助广大用户通过互联网和移动设备获得专业媒体和用户自生成的多媒体内容（UGC）并与人进行分享。

（2）搜狐。搜狐是 2008 年北京奥运会互联网内容服务赞助商，是中国领先的新媒体、通信及移动增值服务公司，是中文世界最抢镜的互联网品牌之一。

（3）网易。在开发互联网应用、服务及其他技术方面，网易始终保持在国内业界的领先地位，其强调人与人之间信息的交流和共享，实现"网聚人的力量"。

（4）腾讯。腾讯是中国浏览量最大的中文门户网站，是腾讯公司推出的集新闻信息、互动社区、娱乐产品和基础服务于一体的大型综合门户网站。

业务频道是门户网站的基本要素，门类齐全的频道方便用户使用，也是提升用户数量的基础工具。对比来看，虽然从频道数量上来说，新浪最多、划分得最细致，腾讯最少、划分得比较简明，但从基本功能上来说，是并没有什么差异的。

从界面的排版上来看，经过数次的改版调整后，"门"型结构的布局是四大门户网站都热衷的。网站导航、网站导读、焦点内容、推荐部分，利用色彩、线条来划分区块，使网页结构合理，层次分明。并且，都采用了围绕 logo 而展开的配色。从个人角度，笔者认为新浪和腾讯的界面设计较为简洁美观；搜狐不仅广告最多，链接点排序不整齐且影响选择，更重要的是弹出的广告竟然遮挡了搜索框；网易的黑白红灰的配色本是很好，可是文字形式的广告竟然出现在了业务频道的正下方，比头条新闻还要吸睛，显然是喧宾夺主了，使受众的使用好感大大降低。之所以强调文字形式的广告，是因为和图片相比，文字不够直观，其他三家门户网站也是在同样的位置投放广告，但图片是一眼望去就可以略过的，而文字广告有假冒新闻的嫌疑，着实令人无语。无论如何，门户网站广告的铺天盖地之势，实在令人反感。

从网站的结构层次来看，除了腾讯一家门户网站是线性结构，其余三家均为网状结构。网状结构的互动性明显要好于线性结构，回环的交流可以给予受众更深入的体验。

3. 门户网站的移动化挑战

4G 技术的应用和推广，使传统互联网滞后于移动互联网的发展速度。"两微一端"成为时下流行的传播新方式，用户利用微图片、微视频形成信息的传送和转发，提升了用户即时互动水平，微传播满足了用户的浅阅读需要，内容传播的数据化、可视化与微传播一脉相承。门户网站的移动化趋势明显增强，但依然要兼顾传统 PC 端的发展，从现状来看，没法完全替代主流网站的地位。所以不仅要着眼"两微一端"的平台发展，也要统筹两端、两网的平台建设和传播方式转变。"两网"既包括 PC 端的主网，也包含 Wap 网站建设，传统的 PC 端，频道类型多，信息数量多，在移动互联时代，仅仅依赖传统的大量信息堆砌无法带动流量和点击量的强劲增长，PC 端的快速增长必须依靠技术进步实现主网的轻便化、简明化，使读者浅阅读的需求得到满足。Wap 网站的建设是 PC 端和两微一端的重要一环，Wap 网站建设必须在四个方面实现：①焦点新闻占据 PC 端的主要位置；②实现主平台的分享功能；③与其他的客户端平台达成更多的技术标准协议，实现多平台发展；④形成自己网站的客户端，提升内容的发布效率。基于门户网站，从新媒体出发，形成两微一端的发展，定制化、数据化、移动化已经成为传统门户发展的未来趋势。

传统网站要求我们更多地注重首页要闻、重点板块，因此这对编辑的综合能力提出了更高的要求，不仅需要在技能方面提升，更要在思想的深度和厚度上提升综合能力，自媒体和各种类型的公众号，不断地充斥于各大网络平台，如何筛选出有效信息是我们需要面对的问题。PC 端转向移动端，将会带来更多的流量，技术与平台网站的结合，要求新闻平台必须走地域覆盖的道路。

保持新闻的特点，提升线下增值服务的水平。移动端的重点在于客户端，但并不是说可以忽略微博、微信的存在。微信现今已经发展成为拥有 6 亿用户的 App，是具有强用户黏性的社交平台，微博是对象多样化、社会传播面广的社会类媒体平台。社交圈、话题圈是传播方式未来的趋势。各大客户端是未来发展的第一层级，微信、微博将会作为下一层级，构成主次分明、重点突出的多维度传播格局，使新闻网站利用移动化趋势实现社会化媒体的广泛性和开放性。有效的新闻制作流程，不同部门的人员积极配合，主动完成高效率的内容制作，形成可视化、数据化的新闻内容，有效地解决移动化迁移的内生性问题。

5.2　新闻客户端

　　2010 年以后，新媒体进入了快速成长期，以纸质媒介、电视广播为代表的传统媒体逐渐式微，从现状上看，中国智能手机设备的用户已经达到上亿人的规模，手机早已从通信功能优先的设备进化成以多种信息传送于一体的多功能智能设备。基于智能手机所开发的各类应用程序，已经促使人们在碎片化的时间里积极讨论各类信息。手机设备的发展必将冲击门户网站的战略布局，如何利用移动设备进行信息的传送，引发了媒体人的深度思考。手机新闻客户端是传统媒体积极适应移动终端的表现。门户网站利用门户网站的品牌影响力，纷纷开发出自有品牌的新闻客户端。新闻类 App，提供最新的新闻资讯的应用程序，包含 iOS、安卓（Android）两种类型。伴随着新闻客户端的火热，新闻客户端也逐渐成为网民，特别是年轻网民获取新闻资讯的主要途径。

　　根据中国互联网信息中心（CNNIC）的统计显示，截至 2015 年 6 月，我国网民规模达 6.68 亿，其中使用手机上网的网民占比上升至 88.9%。2009 年年末，报刊媒体已经出现新闻客户端的应用程序，新闻客户端的快速发展标志着移动互联网时代的来临。门户网站在下一年度相继推出各种新闻客户端。搜狐、腾讯、网易、百度、今日头条等客户端到 2013 年就积累了相当规模的用户。2014 年可以说是移动客户端的重新布局之年,《人民日报》、新华社客户端也同步上线,澎湃新闻在当年 7 月也推出了自己的 App。随后的 2015 年,新闻客户端浪潮更加火爆,传统媒体、门户网站及各种信息提供商纷纷涉足客户端,特别是在 9 月以后,无界、封面、上游等客户端先后上线,在中国传媒版图中形成了"东、西、南、北、中"各有代表、齐头并进的格局。

过去,不同媒体有不同的经营指标,如报纸、期刊看重发行量,电视看重收视率,电台看重收听率,Web 网站看重流量等等,但是到了新媒体时代,大多数媒体或平台几乎都集中到了客户端这一舞台上展开竞争,为此,客户端的下载量与活跃度成为考量媒体传播力和影响力的标准之一。据易观智库统计,北京、上海、广州等一线城市平均每部智能手机安装 1.85 个新闻客户端,笔者试图从 3 个角度对当前新闻客户端的架构类型进行解析:

第一,从主办方的类别看,有的依托于传统的媒体机构设立,如《人民日报》、澎湃新闻、并读新闻等;有的依托于商业门户网站设立,如腾讯新闻、搜狐新闻等;还有的属于客户端时代出现的原生品牌,如今日头条、ZAKER 等。当然,依托于传统媒体机构设立的客户端还可以进一步细分为中央媒体、地方媒体及行业媒体,或者主流媒体和市场化媒体等不同类别。

第二,从内容生产加工模式看,可以分成以做内容见长的原创类客户端和以大数据整合为特点的聚合类客户端,前者多为媒体机构创立,而后者多为商业机构设立,这与当下的新闻管理规定是相符的。

第三,从资金来源和管理体制上看,有新闻机构或商业机构自筹资金的,有新闻机构和技术服务商共同创办的,还有新闻机构引入社会资本联合创办的等,特别是后者,对我国传统的新闻架构模式有一定的颠覆性,引发了较多的关注。

商业门户客户端是吸纳网民关注的主体。尽管新闻客户端呈现出喷薄之势,但从现有格局来看,以商业门户为依托的客户端仍是吸纳网民的重要力量。我们选择几个公开发布的客户端影响力排行来看：比达咨询 2015 年 6 月数据显示，从 2015 年第二季度的累计市场用户来看，搜狐新闻、腾讯新闻、网易新闻、今日头条、新浪新闻位列前五；信诺 8 月数据显示，从月度覆盖率看，腾讯新闻、今日头条、网易新闻位列前三；而易观智库 8 月数据则显示，腾讯新闻、今日头条、搜狐新闻位列前三。不同的咨询公司有不同的排名，但总体上看，商业门户创办的客户端一直居于领先地位，特别是腾讯，依靠微信和 QQ 两个平台的导流，目前优势最大。比达的调查数据还显示，在重大事件报道用户关注度和首选率两个指标上，搜狐、今日头条和腾讯客户端仍稳居前三位。

5.3 虚拟社区

网络社区（Network Community），是人类借助计算机技术和网络通信技术，利用互联网模式形成的新型特殊社区，社区的形成基于网民相同的兴趣爱好，通过互联网平台，构成网络空间，满足网民的各类需要。网络社区的类型包括网络论坛、贴吧、聊天室、在线聊天等网络空间形式。

1. 形成与发展

网络社区最初的发展始于 BBS（Bulletin Board System），直译为中文就是电子公告牌系统。BBS 能够方便快捷地执行数据的上传下载，实现新闻的阅读，以及用户间的信息交流功能。20 世纪 80 年代，就已经出现调制解调器和电话通信拨号的 BBS。由于当时技术条件不成熟，所以 BBS 中只能是文字形式的内容。其服务主要局限于档案和软件的下载、讨论区的转信。互联网普及速度的加快，加上 http 多媒体网页的出现，基于文字形式的 BBS 网络地位开始下降，越来越多的是 Web 站点的讨论空间。

发展到现在，BBS 更多是指"网络论坛"，与最初文字形式传播的概念相去甚远。我国的网络社区原始状态也是源于 BBS。在北京创建的长城站是最早的 BBS 论坛，当时日均访问量仅为十几人次，用户大部分是留学生。随后国家智能计算机研究中心开发出曙光 BBS 论坛，被誉为中国网络社区的开端，形成了我国最早的一批网民。BBS 发展初期的用户对象局限于科技研发人员和计算机发烧友，还有国外留学生，功能的使用上主要集中在新闻内容的制作和发布，信息的交流，互动式问答。互联网知识的普及催生了各类 BBS 站点，BBS 的优点也被后来出现的应用深度挖掘。

大型的个人社区西祠胡同和 ChinaRen 开发出基于群组讨论的网络社区，这标志着中国网络社区又一里程碑事件的出现，ChinaRen 的功能应用更为强大，不仅涵盖游戏、邮件等多种应用程序，还提供主页、日志等一系列服务内容，群组讨论和聊天室的形式也成为当时网站所流行的应用。聊天室作为最早的网上聊天方式，以其便利性深受用户的喜爱。

往后出现的"163 网易聊天室"，在线人数最多时可以达到 98 万人。从早期的聊天室的功能应用来看，更多是基于用户的聊天需求。即时通信工具的出现丰富了沟通方式，传统的聊天室不能满足人们的社交需求，聊天室的地位于是一落千丈。

全球华人的网上家园是天涯社区的自我定位，天涯社区从 1999 年成立至今一直以其开放、多元的特点受到用户的追捧。从相关数据来看，从 2000 年发展至 2010 年，天涯用户量已经突破了 3 500 万人，天涯社区将博客、论坛作为基础的功能应用，涵盖了虚拟商店、问答个人空间等各类增值服务，已经发展成为综合性的虚拟网络社区和社交平台。天涯社区的精英人士用户群向泛大众化发展，也清楚地反映了中国互联网用户群的变化，越来越多的人成为网民，积极地参与网络话题的讨论，提供各类问题的解答。用户群体的多元化，实现了网络社区整体结构的调整和功能应用的突破，也进一步提升了网络社区价值。

2005 年，我国网络社区发展进入了 Web2.0 时代，国内各类社区层出不穷。专业类领域的网络社区欣欣向荣，如以书评、影评、乐评为主的豆瓣网、色影无忌、铁血军事等。各类综合性和专业类网络社区共同发展，集聚了大量网民。第一代网络社区具有开放性和虚拟性的特征，社区用户在不相识的情境下能够在网络上进行交流。第一代网络的虚拟性特点虽然给人们带来了社交方式的便捷性和较大的自由空间，从另一个角度来看，仅仅看到网络社区的商业化部分明显不够，用户身份的真实与否，用户在论坛中发表评论的真实性都有待商榷。所以，实现"现实人的沟通"的第二代网络社区开始兴起，新型社交网站（SNS）很好地实现了这一点。

国外 Facebook 的兴起，带动了国内 SNS 网站的一波热潮。2005 年12 月，我国大陆最早的 SNS 社区校内网——人人网成立，校内网的注册具有严格的身份限制，而且必须是基于校园内的 IP 地址。人人网不仅对在校大学生进行挖掘，更多地向已毕业的校友扩展，建立起整个关系网络。

从整个 SNS 的发展来看，作为第二代网络社区的特殊典型，在网民的自主性和互动性上比第一代要进步多得多。第一代在内容的展示上下了不少功夫，第二代更多地从用户的需要出发，关注用户需求，真正做到了以用户为中心，第二代网络的实名注册，加强了社交网络的真实性，提升了用户间的信任。第二代网络基于现实的网络社会关系，通过有效的技术手段，实现了人际关系网的革命，促成了网络社区的真实性与虚拟性融合。

第二代网络形式与第一代网络的相互补充，相互融合，创造了网络社区发展的新局面。

2. 国内网络社区的类型

纵观全球网络社区，表现形态也呈现多样性的特点。从新媒体的不同主体来看，可以将网络社区分为媒体主办型社区（如《人民日报》旗下的"强国论坛")(见图 5.1)、企业主办型社区(如"人人网""开心网"等)、个人主办型社区(由于国情原因,国内这类社区大多已经关闭或者转为企业主办);此外,国内高校通常还有校内 BBS 社区,如清华大学的"水木清华站"、上海交通大学的"饮水思源站"(见图 5.2)。

图 5.1 人民网"强国论坛"

图 5.2 上海交通大学"饮水思源"BBS 站

　　根据使用对象的不同，可以把网络社区分为开放型社区和封闭型社区。开放型社区面向大众开放，一般公众均可使用，大部分网络社区属于此类；封闭式社区只面向特定人群开放，此群体外的公众无法使用，这类社区有代表性的是高校的 BBS 站点，通常只面向本校师生和校友开放。

　　根据功能的不同，可以把网络社区分为言论型社区（如"强国论坛""中新社区""天涯社区"），此类社区主要是表达个人观点；交易型社区（如"拍拍网""易趣""当当网"等）、SNS 交友型社区（如"人人网""开心网""校友录"等）、生活兴趣型社区（如摄影社区"色影无忌"、户外旅行社区"磨房"等）（见图 5.3）。

图 5.3　"色影无忌"论坛

3. 网络社区的传播特征

　　斐迪南·滕尼斯（Ferdinand Tönnies）在《社区与社会》一书中，率先了提出"社区"概念。简而言之，他认为社区是由成员内部关系密切但排外性明显的社会关系群体组成。在滕尼斯的定义中，"地域"的因素并没有纳入其中，但是在其后很长的时间里，研究者把社区这一概念注入了"地域"，社区概念中所指的"人类社会生活的共同体"被理解为人类社会生活的"地域性共同体"。但是，生产力的不断发展也在改变人类的交往方式，血缘关系和地域关系所形成的社区的空间限制被打破，现在意义上的社区多从人际关系的层面考虑。学者韦尔曼（B. Wellman）和雷顿（B. Leighton）要求人们更多关注多层次的人际关系所形成的社区。"突破时空限制所形成的基于相同爱好、有着共同价值追求的群体和社会组织"这一概念是对滕尼斯定义的重新表述。网络社区就是这种打破了地域限制的社区形式。

传统意义上的社区，是局限在一定地理范围内的社会组织，如乡村、部落等，往往都带有地域性。网络社区不仅能够连接相同价值观的用户群，还突破了时空限制。与传统社区相比网络社区能够连接的人数更多，群体借用互联网来达到整体的互动和发展。网络社区虽然缺乏基本的物理空间性要件，但是它利用人们对于集体效应的需要，迎合了人们对于群体归属感的需求。与传统社区比较，网络社区有以下特点：

（1）虚拟性：互联网构成的是一个无中心的虚拟空间，将不同地域的用户个体通过互联网连接，使得用户能够跨越空间的限制，在虚拟空间形成自己的人际互动关系。而且一般来看，网络社区中的大多数用户信息都不够真实，一人在同一社区中有多用户名的情况屡见不鲜，这就意味着有用户数量虚增的情况。

（2）平等性：互联网作为全球信息媒介，一直秉持"去中心化"的理念，积极鼓励更多的普通大众参与到新闻、话题的讨论当中，阶级、收入、种族在互联网空间中的差异明显缩小，这样有助于实现用户平等发声，突破等级制度下所不具备的公平性。

（3）即时性：传统社区的约束较大，信息传播的实现和互动性较差，与网络社区相比，用户信息的沟通与交流具有明显的滞后性，基于BBS

的即时回复、发帖，都是网络社区即时性的体现。

（4）广泛性：网络时区最大的优势就是突破了时空的限制，将不同国籍、不同距离的用户连接起来。与以往的传统社区的传播方式相比有很大的进步。

（5）价值规范的特殊性：社区中的不同用户基于相同的价值观和共同遵循的规范，构成一个相对稳定的组织，规范是社区成员的内核，它决定着社区用户的同质性与否。社区用户对于价值规范的理解不同，比较容易造成网络社区内部的不稳定。网络社区中也包含此类问题，网络社区要求用户的强信任感和参与感，对于价值规范的遵守则较脆弱，需要网络社区成员的高度自觉。

传统的社区中成员面对面的沟通频率较高，舆论环境和法律的制约也较多，对于成员的行为要求较高。网络社区用户的交流虽不及传统社区多，但依然需要当作有效的交流来看，而法律规范的作用在网络社区较弱。网络社区的自由性极大，与传统社区相比，离开社区的成本极其低廉，注销账号的方式非常简单。

从话题方面来看也表现出一些新的特征。

（1）话题衍生的多元化：网络社区用户的真实身份有所隐藏，所有的用户身份信息都可以更改和捏造，网络社区的用户因此"畅所欲言"，用户将话题的主动权牢牢地把握在自己手中，网民有权自主设计议题，故在多样化的网民面前，"议题设置"就显得更加多元化。

（2）"信息把关"更加困难。版主作为网络社区的管理者身份，虽然有删除帖子、封禁用户 ID 账号的权利，但与传统的媒体相比，有效地控制信息传播的难易程度、手段、成本就有相当大的差异。

（3）沉默的扩散效应。人作为社会群体大多会避免因为自持不同的观点将自己置于孤独的状态。所以支持受欢迎的见解、观点是大部分人所倾向的选择；而那些不占主流，或者很少人支持的意见会被人所忽视。经过多次的信息筛选，受众度高的意见被大家所接受，沉默的小部分继续沉默。

5.4 搜索引擎的新媒体形态

互联网的迅猛发展，意味着信息对个人或企业越来越重要。2016年中国互联网信息中心的《第 39 次中国互联网发展状况统计报告》显示我国的搜索引擎用户已经达到了 6 亿人次，信息的如何收集越来越占据重要位置，个人在获取信息的方式中不仅局限于图书、期刊、报纸等纸质的传播媒介，更多的时候也借助于 Web 搜索引擎工具，我国的网民使用的各类搜索引擎达到 6 种以上，例如百度、谷歌、必应等综合类搜索引擎，知网、万方、读秀等专门的学术搜索引擎，以及其他领域专业类的搜索引擎。这些搜索引擎满足了用户检索信息的需求。

对于搜索引擎的概念，传统的观点主要认为搜索引擎主要是指从万维网的网页资源中，对信息进行有效的收集、整理和分类，与其他类型的信息资源关系较小，但在互联网浪潮的带动下，传统概念的收集网页资源也逐渐地包含 FTP 信息资源等。

搜索引擎的实现方式往往是用户在自有的设备界面上的文本框中，运用键盘输入相应的文字、数字或者问题，将问题交付给搜索引擎来解决，搜索引擎会自动地基于检索所提出的要求实现相应的回答，来供给用户所需的信息资源。搜索引擎的传播形态与微信类似，都是从最初的用户的主动行为出发，进行的信息的获取，而且搜索引擎的传播方式比微信更加封闭，信息的来源和收集完全基于用户自己，用户之间的交互性较差，只有主动输入信息，激发搜索引擎的功能才能实现信息的获取。

从搜索引擎的特征来看，搜索引擎功能的外延扩充了用户信息选择的范围，以百度为例，搜索服务从简单的网页搜索发展为视频搜索、软件搜索、翻译搜索等多种类型，用户完全可以从自己的需要出发，自由地选择所需的搜索方式和工具，以此减少我们花费在信息检索上的时间；搜索引擎技术水平提升了用户检索的效率，收集有效信息的难度明显降低，智能化的检索系统不同于第一代的目录检索和第二代的全网超链接检索，它能够将用户需求和自然语言有效结合，实现用户效应最大化和搜索成本的最小化；移动终端设备的出现扩大了搜索引擎的场景化空间，不仅在 PC 端能够实现信息的检索，智能手机上搜索引擎产品也日趋丰富，为了在用户量上保持行业优势，百度积极布局搜索的推广力度，不断提升用户体验，以此吸引越来越多智能手机的搜索引擎用户。

搜索引擎更新换代的速度，不仅为互联网的发展作出了贡献，也重新定义了搜索引擎自身的价值。搜索引擎的出现纠正了信息的不对称，并且深度挖掘了信息的价值。尽管搜索引擎的优势与之前几代相比已经有了很明显的提升，搜索引擎的缺点与不足仍然很突出，搜索的效率整体偏低，搜索的准确率和全面性仍然需要进一步优化，信息的更新时间较长；搜索引擎的检索选项范围较小，虽然从生活和学习方面都能利用搜索引擎，但高级检索的利用较困难，精细化全面化的信息获取花费时间仍然较长。与外文搜索引擎比较来看，搜索引擎的性能较低，特别在搜索引擎的结果输出上，中文搜索引擎的进步空间还很大。

未来搜索引擎的发展趋势，可以从几个方面来看：①检索结果的输出更加精细化和精准化，搜索引擎产品的性能优化和调整，方便用户和企业提高工作效率。②个性化的服务更突出，基于不同的用户需求，努力扩充用户的个性化需求，深度挖掘用户的浏览词汇和服务器记录的日志信息，根据用户的查询要求不断进行调整，适应用户的个性化需求，但与此同时，用户信息安全的风险性也进一步提高，需要相应立法进行解决。③多媒体信息的搜索服务的发展。当前搜索引擎技术仍然处于较落后的状态，不管是从实用性上还是理论阐述上看，通用性设计方面等问题需要解决。④智能化的搜索引擎将是未来的主要趋势，大数据和人工智能能够与搜索引擎很好结合，进一步优化搜索引擎的算法应用，构建用户所需要的信息库系统。实现网络信息的广泛储存，提取任意节点的信息资源。

搜索引擎媒体业态我们以百度公司的发展来剖析，百度，是全球最大的中文搜索引擎。百度的命名源自于中文诗句：众里寻他千百度。诗句中的百度体现于对于知识和理想的追求。百度发展迅猛的原因有以下几点：①百度的经营理念一直是让用户能够平等地获取信息，将用户方便获取信息放在首位，不断地扩大用户信息检索的范围。②坚持技术的创新，百度拥有世界上顶尖的工程师团队，使百度的用户使用量占到全国网民数量的97%以上，日均搜索次数上亿次，在搜索引擎越来越多的时代，百度依然占据着搜索引擎的领先位置。③和百度创新的搜索引擎的营销推广业务密不可分，借助自身的流量优势与其他行业的发展深度融合，推广有优势的品牌和行业领先者。④多元化的优势产品，包括百度百科、百度文库、百度知道等一系列关于知识分享与传播的开放平台，汇聚了优质人才，促进了知识的沟通与交流。

5.5 电子商务新媒体形态

信息经济的崛起带来了电子商务的快速发展。电子商务作为当今时代的新媒体形态，在现代商业竞争中的地位不容小觑，可以预见的是未来商业的发展方向将很大程度依赖电子商务的发展。在商业环境竞争如此激烈的情况下，电子商务的出现对于整个商业业态的影响绝对是空前的。电子商务能不能挖掘出经济增长的新动能？电子商务如何实现宏观经济和行业自身的进一步发展？其机理和未来的发展方向如何？这些都是我们亟须认识和解决的问题。

电子商务的定义繁多，清晰地界定电子商务的概念有助于我们充分认识和理解电子商务。电子商务（Electronic Commerce）是一系列使用电子手段自动完成金融交易任务的商务活动。然而，根据另外一些学者的观点，经由计算机网络实现的商品交换和服务买卖属于电子商务。电子商务的概念不仅局限于商品的买卖，它也包括相关发生在供应链上的商品售前和售后的一系列活动。

电子商务的定义可以分广义和狭义两种，狭义上来说，电子商务仅涉及通过网络进行的买卖业务，广义上来看，它包括通过通信网络的方式进行的商务信息的交流和商务关系的维护及保持，以及相应的商业企业做出的一系列的商务交易行为。

电子商务可以说创造了全新的市场和经济活动，在快速的信息流转过程中和市场动态变化中扮演着重要角色。电子商务的网络建设为收集和扩散信息提供了基础设施，它们也促进了产品销量的提升和销售渠道的拓展，同时带动了快递行业的发展。传播形态上，它使用各类电子沟通方式——互联网、局域网、电子邮件、数据库、移动电话来完成相应的任务。电子商务的基础经常被称为完全的电子数字的商务，它往往包含三个部分：产品、过程和参与者。所有可以通过互联网发送和接收的东西都被认为是数字产品。

电子商务根据各方参与者（公司、消费者、雇员、政府）在贸易中形成的关系不同分成了不同特征的模型，B2B（企业对企业）是不同组织之间自动交换信息；B2C（企业对消费者）是指向终端消费者销售商品和服务；B2E（企业对员工）是一种模式，也称为内联网，是向员工提供产品或信息的网站；C2B（消费者对企业）是消费者向卖家要求产品或服务的一种模式；C2C（消费者对消费者）是顾客互相销售的一种模式；B2B2C（企业对消费者）是一种使用 B2B 模型实现的模型，该模型支持公司在 B2C 模型上的运营。

从特征上分析，边际效益递增性增强，互联网的开放性使得网络上的信息流转加快，企业和个人获取信息的成本下降，相应增加信息资源，带来入网人数的进一步扩张，从而带来"集聚效应"，使效益最大化。企业边界在互联网技术的环境支持下变得模糊，各种类别大小企业对自己的经营范围的调整自由度较高，多元化经营的企业数量明显提升，也进一步推动了企业综合竞争力水平的发展和升级。

从当前时期的行业发展来看，电子商务的规模化效应突出；2016年中国电子商务市场的交易规模突破20.2万亿元，是2013年全年交易规模的两倍，与上年交易规模相比增长了23.6%。电子商务平台的多元化和精细化突出；传统的电商平台淘宝，京东，苏宁易购，专门做特卖的唯品会，以及做二手商品交易的闲鱼也保持着快速发展，垂直电商和精细电商共同发力推动电子商务的发展。电子商务的消费趋势移动化明显；截至2017年年底，手机网民的规模已经达到7.53亿，占网民数量的95%以上，手机上网人数的比例不断上升，移动端的电子商务消费发展迅速。

电子商务的新媒体形态我们从淘宝着手分析，淘宝作为电商行业巨头，日均在线商品数额达到了惊人的8亿件之多，平台的注册用户也突破5亿人，已经发展成为集C2C、团购、拍卖、分销等多种电子商务模式的综合类交易平台。

淘宝的快速发展有以下原因：①手机淘宝＋天猫的运营模式为淘宝的发展提供了基础性平台，不同于只拥有单一应用的其他电子商务公司，淘宝两条腿走路的优势较明显。②淘宝不仅开发出买卖双方的在线交流工具阿里旺旺，还创立起具有独立第三方资质的支付宝来解决资金安全问题，激发了用户的购物热情。每年"双十一"购物节达成的交易额都能够创新高，2017年淘宝和天猫"双十一"交易额顺势突破了1 600亿元。③企业规划中将发展未来的方向也定位为社区化、内容化、本地生活化。淘宝坚持了这一方向，利用智能手机等移动设备的便利性，紧紧抓住电子商务的多元化经营理念和规模化效应，在农村电子商务和跨境电商上取得较大突破，以此实现淘宝的长远发展。

从电子商务的发展潜力上看，农村电子商务和跨境电子商务是电子商务的发展新趋势，解决"三农"问题有必要利用好电子商务，农民掌握了一定的电子商务基础知识，能够充分发挥电子商务平台的信息交流和传递优势；从我国的现实情况看，可利用国家"一带一路"的政策优势搭建起国际跨境电商平台，实现国际商务信息的互流互通，降低企业间的信息搜寻的成本，为我国企业的"走出去"提供全方位的配套服务。

第6章　新媒体形态（二）：网络视频、网络出版、网络游戏

娱乐和休闲是传播的基本功能之一，互联网的运用如网络游戏和网络视频相关业务属于娱乐类应用服务。根据 CNNIC 的调查数据，使用移动终端娱乐类服务的用户规模不断扩大。2017 年上半年，我国网络普及率为 54.3%，网民规模达到 7.51 亿（见图 6.1），手机网民规模达 7.24 亿，手机上网的比例高达 96.3%。我国网络游戏用户规模达 4.22 亿，手机网络音乐、视频、游戏、文学用户规模增长率均在 4% 以上。网络视频用户数为 5.65 亿，其中，手机视频用户规模为 5.25 亿，网络直播用户共 3.43 亿，占网民总数的 45.6%。游戏直播用户规模达到 1.80 亿；真人秀直播用户规模达到 1.73 亿，占网民总数的 23.1%。手机网络游戏增长率达到 9.6%，用户规模达 3.85 亿，网络文学用户数为 3.53 亿。

网络娱乐产业正在不断走向成熟。网络文化娱乐集团开发视频周边产品，创造出用户付费、剧集贴片广告、插播广告等盈利模式，视频制作的兴起带动了以明星 IP 为主体的 IP 改编和开发热，与此同时，政府加大了对网络视频的内容监管和审查力度，以塑造有序发展的网络环境。

单位：万人

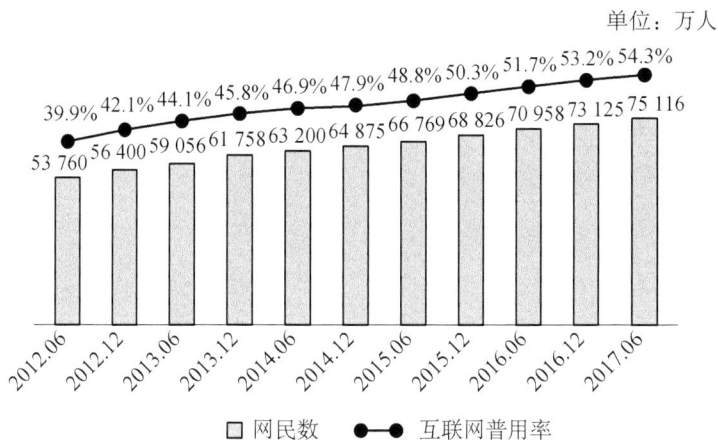

图 6.1　中国网民规模和互联网普及率

数据来源：《第 40 次中国互联网络发展状况统计报告》

来源：CNNIC 中国互联网络发展状况统计调查

6.1　网络视频

　　网络视频用户规模和市值不断增加，知名视频网站如腾讯、爱奇艺、优酷土豆、聚力 TV 等（见图 6.2），以网络文学、网络动漫、网络影视、网络游戏及衍生品等全娱乐内容为平台，整合开发内容产业链。视频网站继续与其他媒体合作，不仅投资购买电视剧、电视综艺的

图 6.2　爱奇艺首页

版权以求成为网络独家播出平台，而且投资用于网络剧、网络综艺的制作，大资金、大投入、大制作是网络视频制作的新常规。互联网作为主流媒体的影响力日益突出。从人才聚集效应看，互联网以技术和资本的强大力量聚集了大量传统媒体人才。运营新媒体的人员许多来自传统纸质媒体。同样地，网络视频制作人、网络综艺节目主持人、制作人许多也多来自传统电视媒体。网络文创的核心是原创优质内容的开发和制作。网络视频的运营不是孤立运作的：一是与其他网络文创内容互通互联，合作投资开发，业务布局是全平台布局；二是在制作出品上，网络公司与影视公司、电视台合作出资、联合出品，发行上也采取联合发行、扩大声势的行销策略。网络剧播出渠道突破互联网和移动互联网，传统媒体与互联网互相渗透，台网联播拓宽了网络剧的播出平台，如网络剧《老九门》，网络综艺《我去上学啦2》《约吧大明星》等，在电视台播出的同时，腾讯视频等网络平台提供付费剧集抢先看的业务，不仅台网联动，而且为剧集即时变现提供空间。在制作方面，传统媒体涉足网络视频制作，如中新社出品的《微世界》。各家电视台以及影视剧制作公司也纷纷"触网"，与视频网站联手，加入网络剧制作阵营。2016年，流行网络小说变成大热IP，根据热门IP改编的网剧十分抢手，付费观看习惯从网络文学市场迁移到网络视频市场。至2016年底，中国成为在北美、欧洲之后的第三大付费市场。国内付费视频用户数量为7 500万，网络剧的生产走出低投资制作的起步阶段，制作经费和投入成本增加。视频网站向国外影视剧制作公司如《纸牌屋》的出品方奈斯公司学习，投入大量资本，聘请知名编剧、导演、艺人组成制作团队，打造如同电视剧一样的网络大剧，如热门IP剧《老九门》《三生三世十里桃花》，演员均为明星。有资本的加持，网络剧制作质量日趋精良，有比肩传统电视剧之势。在网络视频制作专业内容生产日益精良的同时，网络视频形态不断创新。微视频、短视频、视频直播等形式风靡一时。

2016年是网络综艺元年，网络自制节目如网络综艺、网络直播、网络剧、网络电影等类型异彩纷呈，网络视频的形态之一网络直播服务形成网络景观。至 2016 年 12 月，网络直播用户规模达到 3.43 亿。直播业务如火如荼，各互联网企业纷纷助力视频直播业务，如腾讯、爱奇艺、优酷等，细分类的网站如熊猫 TV、斗鱼、花椒等直播平台也杀入市场（见图 6.3）。网络直播业务早期以 YY、六间房为代表，YY 早期以语音业务为主，运营大型多人在线角色扮演游戏（MMORPG）聊天，在 2015 年直播浪潮来袭时期转向直播，变成直播平台。

图 6.3　斗鱼直播平台

从网络直播的内容类别来看，游戏直播和真人秀直播用户使用率显著提升。视频直播平台内容一般包括电子竞技游戏类直播，娱乐体育节目如演唱会直播以及达人、网红直播秀，这类内容可以是网红才艺秀，也可以是日常生活秀，例如有主播直播旅游，直播日常生活百态。

诸多直播平台如 now 直播和虎牙直播等推出原创内容激励计划。直播平台专注于优质内容生产（PGC），网络直播的精品生产是发展趋势，而用户自生成内容（UGC）内容制作专业程度低，节目定位难度大。直播平台可实现观众打赏，直播平台通常允许弹幕，允许观众自由评论，随意发表意见，实现用户之间，用户与主播之间实时互动，主播根据用户意见随时调整内容，更新节目。主播在直播空间圈粉丝，粉丝送虚拟礼物向主播点赞，虚拟礼物由真实货币购买。直播的兴盛体现了网民的围观心态，游戏等直播与欣赏比赛相似，有共同观看的乐趣，直播提供了网民了解他人生活的途径，满足了人的渴望关注和被关注的需求。

网络内容产业集中度较高，如互联网公司腾讯是国内最大的网络游戏、网络文学、网络动漫的内容服务商。网络文学和网络动漫、网络游戏等是重要的 IP 来源。互联网影视制作公司发掘网络文学市场中沉淀已久的 IP，依靠明星团队，进行电视剧和电影的输出，这种商业模式打造了不少精品，热门 IP 意味着高流量，具有较大开发价值和市场价值，网络视频运作常采取影视剧联动方式，有的是先开发电视剧，再开发电影，有的是相反，或是电视剧和电影由同一家影视公司开发，同期推向市场。例如，网络文学作品《三生三世十里桃花》先有电视剧版，由华策推出，一时走红，拥有大批观众，之后阿里影业推出电影版，并顺势推出与电视版不同的角色主演，引发观众的好奇心。又如华谊兄弟的怀旧电影《芳华》票房不俗，电视剧《芳华》随之开拍，电影和电视剧就同一个故事的不同视听语言相互造势，整合营销。文化内容生产与互联网相互渗透，实现内容产业的资源整合和资本运作。这一整合营销借鉴了国外的经验，以动画内容而例，如钢铁侠、蜘蛛侠等漫威超级英雄系列电影的运营，是人物形象电影的成组推出，而不仅仅是单一人物的运作。其实质是内容的整合运营，或者说 IP 的联动。漫威的系列故事，故事与故事之间相互关联，人物与人物之间相互关联，电影不是单一的剧集，是放在整个系列中运作，容易通过品牌附着，激发用户的内容消费行为。

6.2 网络出版

出版是出版机构对书籍、文稿、图画、照片、歌曲音像等原始作品进行复制，将其整理成各种出版物的形态，向社会大众颁布的一系列行为。出版是将原始作品大量复制，公之于众，形成出版物的过程。出版首先要求有原始作品，其次是有发布和发行渠道，能够让社会公众获得出版物，再次，各类作品必须能够批量复制，经过审定、选择、编辑和加工，借助一定的物质载体进行呈现，这三个要素构成出版的基本要素。

网络出版又称互联网出版、在线出版、电子出版，是指互联网信息服务提供者将自己创作或他人创作的作品经过选择和编辑加工，登载在互联网上或者通过互联网发送到用户端，供公众浏览、阅读、使用或者下载的在线传播行为。网络出版之于传统出版活动的首要区别是传播渠道的不同，其以互联网为渠道。其次，网络出版机构突破传统出版社的概念，许多大型网络文学网站以及网络出版机构是民营科技公司。最后，网络出版虽然批量复制，公之于众，但依托虚拟空间，出版物形态可以是电子书，也可以不固定，区别于传统出版的著作。

网络出版的优势在于互联网的信息容量和传播的优势，网络出版信息量巨大，传播速度迅速。网络出版使用多模态符号系统，提供有声读物、电子书等多类方式，使得阅读不仅依赖视觉，还可以诉诸听觉。读者阅读和接受方式更为自由，可以使用碎片的阅读时间。就作品的创作而言，网络出版改变了传统出版的作品生成方式，如网络文学作品，作品的情节发展可以来自作者和读者的双方面的共同推动，提升了读者的阅读体验和参与体验。网络出版的主要形式之一电子书一般提供个性化定制，读者可以选取感兴趣的链接阅读。

中国当代文学的重要变革之一是网络文学的出现，互联网使得文学创作入门门槛降低，任何人都可以注册账号，发表文章，让其他网民点击浏览。早期网文秉承互联网免费和共享的精神，常以不付费浏览的方式加速自由传播。依靠网文生财，恐怕早期的网络写手如台湾作家蔡智恒等均未料到。网络出版盛行后，许多传统出版社开始数字化转型，西方一些出版社和杂志社已经不出纸质图书和杂志，只向读者提供在线电子书和电子杂志。网络出版降低了制作成本，图书印刷、包装以及物流运输与仓储的环节被省略，网站不仅提供内容，还负责出版物的在线查询和销售发行。虽然大型网络文学网站上作品众多，网络文学的类型庞杂,但在作品付费热度大增的情况下,网文爆红和网民追文之后,作者通常会将网络作品集结,出版纸质书籍,回归传统发行方式,由传统出版社出版,由书店、网上图书平台或零售平台销售。

网络文学是依托网络空间,由写手在互联网上发表,由网民在网上浏览阅读的文学。国内网络文学市场历经多年的竞争和发展,经过激烈的市场洗牌,行业集中程度加深,出现了起点、榕树下、黄金书屋等知名网络文学网站。各门户网站如腾讯、网易等均设立了网络文学专区。传统文学刊物如《当代》等早已与网络文学互动,设立"网事随风"栏目。国内网络文学网站非常注重通过网络出版,培育优秀作者群体,大力扶持原创作品。网络文学以网络空间为传播载体,创作相比传统出版更为自由,作者可以一边写,一边更新,读者一边阅读,一边评论,及时反馈,读者深度参与到情节推进和文学创作中。

网络文学与传统出版的互动相伴随,网络文学与传统文学实现联动,传统作家对网络作家也逐渐认可和接受,如网络写手唐家三少等加入中国作家协会就是其中的一个标志性事件。网络文学是内容运作的起始环节,有利于 IP 良性循环的建立。网络文学打造了痞子蔡、安妮宝贝、流潋紫等一批等知名作家。言情小说和武侠小说是网络文学常见类型,其他如搞笑、恐怖、悬疑等类型应有尽有。当前,网络游戏与网络文学、网络动漫、网络影视等内容产业链其他环节形成合力,网络文学的版权收入成为行业盈利的新增长点。网络文学市场逐渐建立,各类网站寻求对网络文学进行商业运营,探索网络文学的商业价值,开发付费浏览和写手分成模式,网络文学的商业价值开始体现在点击量和付费订阅上,自从 IP 热出现以来,热门网络文学作品前期拥有大量的点击量和浏览量,其影视、游戏开发得到影视制作公司的重视,例如 2012 年的电视剧《甄嬛传》等均改编自热门网文。

随着网络文学的商业运营的发展,网络文学和网络出版领域的资本运作和并购事件不断发生。2004 年,游戏公司盛大收购起点中文网,

2015 年，腾讯文学与盛大文学合并，形成阅文集团。腾讯旗下的阅文集团以"网络文学第一股"为概念，2017 年在港股上市，IPO 开盘后股价迅速拉升，收盘市值为 928 亿港元。另一家内容网站掌阅科技也在上海证券交易所上市。

6.3　网络游戏

游戏产业是重要的娱乐产业，具有很高的市场价值。网络游戏是依托 PC 机、手机等数字终端设备而产生的互联网娱乐应用之一，通过编程开发的游戏程序软件允许多人在线同时参与，游戏用户一般称为玩家。网络游戏可分为依靠电脑终端的 PC 网络游戏和依靠手机的移动端网络游戏。前者如《传奇》《英雄联盟》《地下城与勇士》等流行网游，后者如《王者荣耀》《荒野行动》《终结者 2》等（见图 6.4）。网络游戏也可分为单机版游戏和联机游戏。单机游戏中，例如微软开发的扫雷，而联机游戏构造一个虚拟世界，允许玩家通过客户端在线连接服务器，选择虚拟身份进入游戏系统，与其他玩家互动，通过关卡便可升级装备或获得虚拟成就。联机游戏是网络游戏的主流。网络游戏的玩家彼此之间可以在线下有真实的人际关系，也可以在线下彼此互不熟悉，通过网络游戏而扩展和补充真实的人际关系。网络游戏制作和呈现类似电影大片，是连续的图像组合，是具备视频符号、音频音响符号、文字符号等多模态符号的整合传播符号系统，用户参与体验度高。

图 6.4　王者荣耀

我国网络游戏起源于 20 世纪 90 年代。在起步阶段，本土网络游戏资源较少，许多是游戏公司代理国外的网络游戏，游戏平台以 PC 为主。2003 年，中国在线玩家数约为 1 380 万，游戏出版市场销售额达到 13.2 亿元。当时，中国本土制造的游戏比例偏低，不足十分之一。尽管监管部门对游戏进口把关较严格，但外来游戏产品所携带的文化基因无法抹杀，中国文化难以得到体现。因此，政府启动"民族网络游戏重点出版工程"，开发投资本土网络游戏，予以税收、资金的支持，以扶持本土文化的传播。国内众多游戏公司纷纷投入本土文化游戏产品的开发，并出现了一批经典的本土游戏如网易的《大话西游》《封神榜》《三国志》《剑侠情缘》。《大话西游》游戏开发"以中国自己的文化为中心"，在游戏场景与角色布置上与传统民俗相结合，展示本土特色。2015 年，中国网络游戏玩家数约为 3.7 亿，付费玩家数量达到 9 500 万。网络游戏市场实际销售收入达到 1 407 亿元，网络游戏之于人际交往与社交功能的作用是游戏备受欢迎的原因。

现在，网络游戏已经是主要的娱乐业之一，网络游戏产业飞速发展，例如手机游戏《王者荣耀》2016 年全年营收 68 亿元，网络游戏的兴起催生了网络游戏直播平台和职业游戏玩家，带来了手机网游市场的繁荣。2014 年 IP 热过后，网络视频与网络游戏联动，合作共生。移动端手机游戏持续高产，游戏厂商聚力开发移动端游戏市场，对知名网络动漫和经典 PC 端游戏的移动端改造层出不穷。如网易的《九州·海上牧云记》、腾讯代理的韩国游戏《地下城与勇士》。网络游戏是游戏玩家依托网络空间互动交流的娱乐形式。游戏架构如游戏世界观、价值观、剧本创作背景、游戏角色设置、情节设置以及游戏视觉、听觉呈现均体现游戏的价值，如《魔兽世界》是热门网游，2017 年上映首部魔兽电影，在中国市场票房亦大卖。

网络游戏具备竞技和交友、互动的特点，随着智能手机的普及，移动电竞是手机游戏的发展热门板块。游戏直播和移动电竞合力运作游戏的线上比赛和线下活动，带动了游戏业的发展。例如，2017年，北京举办了首届英雄联盟音乐节，并举办了英雄联盟S7赛季的总决赛。

网络游戏是互联网公司的主要盈利业务之一，腾讯已经发展成为全球第一大游戏服务商，网络游戏具备竞赛和竞技特点，同时具有促进人际交往的社交特征。游戏玩家的动机之一是通过游戏，实现与其他玩家的互动，而单机游戏是消磨时光，打发无聊和碎片时间的应用。网络游戏如果没有编剧和游戏架构，缺乏文化背景，则不能吸引玩家，因此，游戏开发同样具有与内容生产的其他环节联动的特点，游戏厂商与上游网络文学和影视制作公司合作程度逐渐加深。

网络游戏市场前景广阔，电商平台如京东、苏宁均杀入游戏市场。根据《2017中国游戏产业报告》，2017年新闻出版广电总局批准出版游戏数量大致为9 800款，其中国产游戏约9 310款，进口游戏约490款，自研比例高达95％。其中移动游戏有95％属于自主研发。国内自主研发网络游戏市场实际销售收入达到1 386.1亿元，占到整体市场销售收入的68％。20年网络游戏产业发展的第一个特点是从海外游戏版权的引入到自主研发的游戏抢占市场。第二个特点是从PC游戏到移动游戏市场的开发。第三个特点是游戏类型的竞争局面的形成。游戏产业的兴盛吸引了传统影视制作商如华谊兄弟等上市公司的加盟，华谊兄弟曾斥资19亿参投电竞公司英雄互娱，虽然投资宣告失败，但网络游戏与网络视频、网络动漫等产业联动，强强联合的势头不减。

互联网借力流量、资金与平台优势，与传统媒体优势互补，合作共赢。在开拓国内市场的同时，网络游戏和网络文学开始在海外市场开疆拓土。我国游戏厂商已经开始布局网络游戏的海外输出，从20多年前的国内游戏市场本上开发游戏相对弱势到如今本土游戏走出去，实现中国文化在海外尤其是东南亚的传播，国内游戏市场如同其他文化产品一样，正在不断扩大影响力。本土游戏的海外布局与海外游戏厂商的中国布局并行不悖是当前游戏产业的基本特点。

第 7 章　移动社交媒体：微信、微博、社交网络、移动社区

7.1　微博

微博发端于博客，是一种微博客，是从用户之间的关系出发的信息传送平台。为用户提供更加集中、更加开放的移动社交服务，将 Web 和客户端有机融为一体的网络社区，通常字数限制在 140 字内，同时具有添加表情、图片、视频的功能，网友能及时分享自己或者身边的新鲜事。

1. 形成与发展

微博的始祖是推特（Twitter）。2006 年，Obvious 公司创始人埃文·威廉姆斯（Evan Williams）积极探索，开发出了推特这一款应用，推特的横空出世很快打破了博客的垄断地位，通过智能手机移动端的作用，推动了新闻传播的革命，推特的最初应用就是基于手机端，字数的最多只有 140 个字符，之后，公司更新了服务水平，用户不仅在手机端，在推特网站上也能够实现信息的收发。

2006 年，推特的流行程度只是局限于美国国内，第二年，在进入日本市场后，形成了较大的影响。奥巴马在 2008 年总统大选时，推特成为重要的竞选工具。伊朗曾在 2009 年大选期间关闭了互联网和短信服务，不允许国外媒体进行相关报道，推特成为国内反对方传播大选消息的唯一工具；当年 6 月，著名歌手，摇滚乐天王迈克尔·杰克逊离世的消息，在一个小时的时间里，推特中就有 65 000 条留言信息；7 月，印尼的大爆炸事件，率先更新实时状况的是推特用户，社交平台又一次在新闻报道上优先于传统的电视媒体。推特目前已经推出了法语、德语、意大利语、日语和西班牙语版本。

当推特在美国国内和国际上的认可度和普及率不断提高时，国内的互联网公司很快推出了中国人自己的推特产品，各类"微博"产品开始上线。2007 年可以说是中国微博市场的元年，饭否、叽歪网、腾讯滔滔纷纷进驻微博市场，2009 年，嘀咕网宣布开发出微博类产品。2009 年，9911.com 改版成微博的使用界面，至此校内网、开心网和 9911 呈现微博市场的三足鼎立态势。就整个微博市场来看，饭否在行业中的地位最高。在微博市场的发展初期一度被当作行业的标杆。2009 年用户数的激增给饭否带来了一系列问题，2009 年上半年虽然饭否用户数突破了 100 万人，但是因为用户过于开放的言论，饭否的 ICP 牌照被迫吊销，同时也暂时关闭。2009 年下半年叽歪网同样被强制关闭。微博市场仅剩下 9911.com 和腾讯滔滔两家。2010 年 3 月王兴宣布饭否将积极给用户数据的下载提供支持，而王兴在后来的通告中同时表示将重新创业，从团购网站做起。叽歪创始人也将网站经营的资产全部转让，另寻创业的方向，2010 年上线时间达到三年的腾讯滔滔也与自己公司旗下的 QQ 空间进行资源整合。

在各类独立微博网站渐渐消逝的同时，门户网站开始上线运营自己的微博产品，开发中国微博产品的热情被再次激发，并且呈现燎原之势。门户网站中最早推出微博的是新浪，早在 2009 年 8 月 14 日新浪就上线了自己的微博产品。借用名人的外部效应，集合了不少明星如姚晨、企业家李开复、作家郭敬明及其粉丝，在很短的时间内将用户量做大，积累了不少人气，成为微博市场中的一枝独秀。

新浪微博也推动了微博热潮的高涨，同年人民网上线了自己的微博服务，2010年网易微博、腾讯微博、搜狐微博相继进行了内测。门户网站在微博市场的用户份额之争，带来微博市场的新发展。

2. 微博的类型

微博的发展来自于博客，但超越了博客的功能。同国外的类微博类产品推特相比，以新浪微博为代表的一类中国国内的微博产品已经表现出了自己的鲜明特点。微博的功能使用主要有以下几点：

（1）发布。微博用户能够实现内容的实时发布。

（2）转发。基于自己的兴趣爱好，微博用户能够将微博内容进行相应的转发。

（3）评论。用户可以对其他博主的微博内容进行评论。

除了前两个功能，新浪微博还推出了点赞功能，视频内容的上传，衍生出用户青睐的各类产品，在满足微博用户社交化需求的同时，开发出泛娱乐化类的服务。根据当前微博的发展方式和服务商的托管服务的不同进行分类，我国的微博产品主要有五类：

第一类是以新浪为代表的门户网站微博，这类微博在微博产品市场的地位较高，在整个微博市场的份额也较大，对于未来微博市场的发展起着基础性作用。

第二类是以嘀咕、9911为代表的独立型微博，与体量庞大的门户网站相比，其用户数量相比较小，但是发展的速度却不输于门户网站的各类微博。

第三类是社交平台和各类论坛上线的微博产品，其中以豆瓣、开心网、天涯社区、人人网为代表，因为这些网站的用户黏性大，集中了一批忠实的用户，形成较稳固的用户基数。

第四类是中国移动开发的 139 说客。

第五类是电视传媒推广的微博，如中国国家网络电视的微博。

总体来看，我国微博市场的发展主要集中于门户网站，门户网站依靠自己的实力，以及明星效应的突出优势，如新浪微博和腾讯微博纷纷在 2011 年 2 月就实现了用户规模破亿，门户网站的地位在微博产品开发上占据绝对领导位置。

3. 微博的传播特征

（1）传播内容的碎片化。各种类型的传播媒体掌握着绝对的话语权，在过去的发展中一直经受着严密的监管，伴随着媒体权限的宽松，越来越多的个体开始在网络平台上开创自己的自媒体栏目，对于信息市场来说，直接造成信息内容的泛滥，也不断促成网络的去中心化发展。微博是以用户为中心的媒体平台，实现了话语权向普通大众的转移。此外，我们看到的是信息市场越来越碎片化、个性化。信息内容本身的可信度不高，较易形成错误信息泛滥的局面，但更多的是简短的微博内容可能与时下热点的新闻事件息息相关，碎片信息的发送者更可能是新闻事件的见证者和经历者。更多碎片化的信息汇聚在一起，就构成新闻事件的整体，事件的完整化促成了热门话题的形成，有利于当事人掌握话语权。

（2）传播媒介的移动化。"互联网＋移动端设备"是微博功能实现的两个必需方面，移动客户端和互联网的充分融合，促成了双方的交叉互动，通过打通交叉渠道，微博积极培育了用户新的上网习惯，不断增强手机功能和促进互联网的深度发展。智能手机设备的发展，使微博在市场中的地位不断提升。微博实现了图片的及时传送和文字消息的及时送达，进一步实现了视频录像的快速上传，换句话说，手机智能设备与微博的有效结合，是融媒体的表现形式。手机的智能化实现了互联网设备的移动，方便人们对于各类信息的分享和记录。

（3）传播速度的快速性。微博融合了社交需求、博客、即时通信工具的功能，用户通过相应的功能把最新的微博内容分享并@给较大的新闻社的博主，因后者传播具有权威性，使得新闻的传播速度快速提升。微博传播过程减少了更多的传播媒介，是从用户到用户的信息传递的过程。在传播的效率上明显高于纸质媒体和其他电视媒体，在制作时间上也明显快于其他媒体。在温州动车组事件的报道中，微博都在其中发挥重要作用。

从技术分析来看，微博的功能不仅涵盖了短信、博客，融合了多种媒体的功能，也进一步突出了纽带作用，空间上，扩大了传播信息的距离，时间上，缩短了传播的时间。微博字数的限制也适应了现代人浅阅读的需要，更是主动适应社会发展节奏的表现。微博好友间的实时互动，也强化了用户间的弱关系，将弱关系发展成强关系。微博发布消息的及时性，真正突破了时间的限制，微博更新一条博文消息的速度是10秒，一条微博人们所花费的阅读时间正好也是10秒，这就形成了很好的衔接，其传播速度是其他媒体机构、博客等等所无法比拟的，可以说是行业内的领跑者。

7.2　微信

市场研究公司 Zenith 的报告显示，根据对 52 个国家和地区的调查，2017 年年底的全球智能手机普及率是 63%，2018 年将攀升到 66%。中国智能手机用户数量将位居全球第一，达到 13 亿。印度排在第二名，拥有 5.3 亿智能手机用户。美国排在第三名，拥有 2.29 亿智能手机用户。微信在智能手机各大应用市场的下载量排名居前列，可以说是智能手机用户的装机必备应用程序。

微信是腾讯公司在 2011 年推出的一款应用程序，通过用户手中的智能设备，实现短消息、视频、语音、图片收发的即时通信社交软件，功能包括摇一摇、扫一扫、微信公众号、小程序，以及实现了手机端钱包功能作用的微信支付。2012 年 3 月微信用户突破了 1 亿，2018 年 2

月腾讯宣布月活跃用户达到了 10 亿，同时微信的海外用户在 2013 年也早已突破千万级别。微信的传播形态有其特殊性，由于微信的好友关系比其他社交平台更为私密，局限在熟人之间，信息传播方式只适用于好友双方的沟通；用户在启用微信朋友圈后，可以获取众多好友的实时动态，也可以发布自己的当前状态至朋友圈，因为关系的私密程度较高，只适用于已添加好友之间的传播，不适于广泛的传播；微信公众号的出现很好地弥补了信息流通的闭合性，公众号推送的信息可以让用户方便快捷地接收，同时用户在不需要此类信息的推送时也可以取消对公众号的关注。

微信的特征可以从两方面来看，一是强私密性特征，微信不同于微博的强传播属性，熟人社交圈的显著特征使得非熟人、非好友之间的信息沟通接近于零，所以微信对于隐私的保护程度较高。在保证用户的顺畅交流的同时又保护了用户隐私。二是实名制特征，用户账号的形成和好友的添加可以通过多种途径来实现，微信账号可以通过手机号的注册形成，手机号实名制的实现间接地使微信号的实名制成为可能，另外当 QQ 端账号的好友导入时，众多的个人资料就会显现出来，被添加好友在收到好友请求时能够清楚地辨别出是否为熟人，为微信的实名制又增加了一种可能。

从微信发展现状分析来看，主要有以下特点：一是父母或者亲友攻陷朋友圈。微信用户使用微信朋友圈是以了解微信好友的生活状态为出发点，以便进行更多的良性的互动，但朋友圈充斥着心灵鸡汤、各种各样的谣言、没有科学根据的养生方法，越来越多的人选择关闭朋友圈。从社交类产品发展规律可以看到，在发展初期，新生事物的新鲜感，使得人们的兴奋感得到调动，但随着微信用户规模的不断扩大，虚假、垃圾信息也不断出现，用户因此只能选择逃离朋友圈。二是公众号的版权意识淡薄。某一公众号推送的深度好文，会被其他公众化无限次地转载、分享，但作为受众的用户往往不知道公众号的原始出处来自哪里，知识产权的保护已经迫在眉睫，到了必须要进行整治的程度。

微信的未来发展趋势可以从以下几个方面来看：坚持走强私密关系的熟人社交的发展道路；在陌生人的关系建立中例如摇一摇、附近的人等功能上开发出更具特色的方式，满足人们多样化的社交需求以进一步增强用户黏性，坚持知识产权保护和规范监管两条腿走路；保护公众号的优质内容，适当加强内容审核，提升微信的自审能力，对于朋友圈的虚假、垃圾信息给予充分的审查，建立有效的惩罚机制，及时切断不良垃圾信息的传播和转发渠道。

7.3　社交网络

社交网络服务即 SNS，社交网络服务主要是利用互动效应，将现实生活的社交方式在网络环境中进行呈现，以扩大用户范围，建立更为广泛的人际关系网。

1. 形成与发展

美国 SNS 的发展源自 2003 年 Friendster 的面世，2007 年 Facebook 成功吸纳微软的 2.4 亿美元投资，微软占股 1.5%，美国的 SNS 的潮流很快激发中国国内互联网公司的热情。

1998 年，中国交友中心的成立标志着我国网络社交网站的出现，经过时间的沉淀，2005 年校内网、51 等大量的 SNS 网站出现，2008 年，运营商与互联网积极合作，达成多项合作协议，近一年时间就出现数以千计的 SNS 站点。

中国 SNS 发展历程：

初级发展阶段（1998 年至 2001 年）：中国网民总数维持在 1 000 万人左右，而中国交友中心作为 SNS 第一代网络交友形式，是 SNS 的萌芽时期。

认知阶段（2002 年至 2004 年）：天际网在美国的 SNS 潮流涌动时应运而生，但是其用户量和活跃度很低，开发出的应用主要以日志为主。

普及阶段（2005 年至 2007 年）：校内网出现，作为最早一批的校园
SNS 社区，其服务内容的单一化，仅仅被用来作为低成本的联络工具。

快速成长阶段（2007 年至 2008 年）：校内网、51.com 等一批社交
功能的网站，开始实行实名制。2007 年海内网也出现了，它是模仿
Facebook 的商务 SNS 社区类型。校内网等一批校园 SNS 在市场中占据
主导地位，风投也越来越多地倾向于注入这类企业；经营模式、产品类
型都呈现同质化的问题。

全面发展阶段（2008 年至 2009 年）：2008 年，涵盖游戏、音乐、
视频等多种类型应用的开心网开始上线，随即各类以模仿开心网实现用
户交友功能的网站大量出现，盈利模式包含广告、会员、虚拟道具等多
种方式。同时用户群体也开始偏向城市白领阶层，这一变化也表明用户
需求的多元化。

成熟阶段（2009 年至今）：以 SNS 为代表的网络应用，也衍生出更
多的娱乐类网站。开心网和豆瓣网可以说走在时代的前列，与此同时国
际风投的注入资本也达到新的高峰，2009 年至今已经有逾百家的 SNS
提供商。各门户网站也在积极地开放其自有的 SNS 网站。SNS 网站以
其市场结构的稳定性，开始更多地进入生活和旅游类的垂直领域，另一
方面也积极探索与电子商务的合作发展机会。

2. 社交网络的传播特征

社交网络的起源来自电子邮件。以互联网特征来看，就是不同计算
机之间的网络连接，最初的 E-mail 很好地适应了远距离的邮件传递问
题，网络社交的原始状态就是电子邮箱的使用。BBS 论坛则基本实现了
信息的群发和转发，对所有人进行信息传递的功能得到最大化的发挥。
BBS 实现了社交网络由点到面的信息传送方式。即时通信在信息传递速
度上提升了 BBS 的功能，博客则在信息的节点中表现出个体的自我意
识，呈现出较强的社会学和心理学属性。

社交网络的功能主要是积极拓展人际关系，社交性是其最基本的属性，不仅如此，SNS 还包含真实性、私密性、工具性等特点。

（1）真实性。Facebook 的出现带动了一大批 SNS 应用网站的出现。Facebook 是哈佛大学的校内 BBS，所以用户都是使用实名制，互联网的自由精神在这看来毫无存在的必要。正式真实身份的实现，才消解大量虚拟信息所带来的垃圾信息，使得人与人之间的沟通能够更加顺畅。实名制的要求给 Facebook 的用户带来更多的信任感，Facebook 的成功给了后来者更多的模仿空间，各类的实名制的应用应运而生。当前来看，很少的 SNS 网站要求网站用户进行实名制注册，但是真实信息是网站所积极鼓励的。

（2）私密性。SNS 网站一直致力于建构用户的真实信息，SNS 网站也能够帮助用户在信息的隐私程度方面做到收放自如，让用户在隐私范围的选择上有更大的自主性。积极帮助用户建设私密性强的沟通环境。

（3）工具性。用户不仅可以依靠 SNS 的交友功能实现自己情感方面的需要，也通过不同层级的社交网来拓展职场人脉，从而定制更好的职业规划。越来越多的专业化 SNS 开始发展此类服务。SNS 与其他的互联网服务不同，是人们现实生活的真实反映。SNS 已经成为集商业化、生活化、人际化于一体的有力工具。

7.4　移动社区

智能手机的普及，手机端流量资费的下降，全民直播热潮催生了一大批手机直播、手机交友的移动社区。我们所了解的传统社区是社会网络的特定组织形式，组织的形成是基于用户之间相同的兴趣和想法、爱好等。移动社区则不同于前者，它是手机移动互联的组织形式。移动社区不仅包含简单的聊天功能，更包括优质内容的分享，视频连线互动，也涵盖不同场景下的社区组织形式。移动社区可以说是满足多样化需求的综合性系统性社区。

移动社区的具体方面包括短信、移动即时通信、论坛、博客、定位服务、交友等新型的互动项目。移动社区的出现给人们生活和工作提供了极大便利。移动社区间用户的沟通和联系促进了知识的交融，建立起可以进一步联系的社会网络层。

关于移动社区的传播特征，我们着重分析手机网络直播，手机硬件设施水平的提高给网络直播带来了极大的便利。手机网络直播有其独特的优势，①平台的开放性。直播平台的进入门槛降低了，降低了主播的强制性要求，没有年龄段的限制，进一步扩大了受众群体。②传播的有效互动性。不同于传统直播方式受众方的单方接受信息，手机直播的交互性有效地促进了信息发出方和受众方的互动性，缩小了主播与观众的距离感，提升了用户体验。③传播形式的时效性和真实性。现代青年对于新鲜知识充满喜好，希望及时获取消息；而用户身份注册的真实性加强了人们对社区的信任度和对自身责任的认识。④用户黏性效应的增强。社区归属感的实现，激发平台用户的交流和沟通，集中表现了人们的个性化表现需要和观看要求。

从移动社区的现状分析来看，次集中化的效应明显增强；从 2015 年直播元年以来，泛娱乐平台在手机直播的用户中已经超越 PC 端，微信、QQ 空间、知乎等都是基于群体零散的时间效应，而手机直播的时间在用户的在线时间利用上明显要高于前三者，有较强的次集中效应。市场进一步分化为游戏、体育、财经、电商购物直播等等，多元化的直播方式覆盖了生活的各个方面。从用户的角度看，受众群体可以选择自己喜好的直播类型，从平台的发展来看，对受众需求制定精细的服务功能，为手机直播未来发展打下基础。

从移动社区的未来发展趋势可以看到，创新水平将进一步提升；UGC（用户将自己制作的内容通过互联网平台进行展示）向 PUGC（专业性的用户内容制作展示）的转化，提升了平台的专业化水平，形成高质量的移动社区平台；通过与其他技术更快融合，挖掘更多的直播场景和实现形式，有效地利用全新的 VR、AR 技术，增强用户体验感，提高用户的品牌忠诚度。与此同时，手机直播行业问题不断出现，低俗化、泛娱乐化问题都是当前需要解决的，监管因此日趋严格，广电总局出台的一系列文件都是为支持手机直播行业健康发展，主播素质、直播内容的审查、主播门槛的标准、处罚的方式方法在很长一段时间都将是监管的重点内容。手机直播行业的正常运转是移动社区的重要部分，有利于移动社区行业生态的形成，推动移动社区的健康发展。

移动社区的媒体形态发展我们可以以 YY 直播为例进行分析，YY 直播所属的欢聚时代公司 2016 年的财报显示收入增长 45.9%；净利润为 3.43 亿元，同比上升 18.1%。究其原因可以分析出，①YY直播从早期的 UGC 直播转而进化为 PUGC＋PGC 的模式，从技术上赢得了主动权，直播平台专业性水平更上一个台阶。②通过素人直播方式，扩大了直播平台主播的数量，由明星直播向大众直播层面发展，使用户在观看直播能够有更多的选择性。③优化直播平台功能，制作出更为优质内容，提升用户的体验，使用户获取更具观赏性的直播内容。④其中才艺类直播的业务更广泛，用户黏性也较其他平台更好，具有较强的互动性。⑤YY直播平台基于直播、公会、个人主播间的三角生态结构，稳定吸引了一批粉丝，形成了对粉丝特别的影响力。

第8章　移动新媒体的典型应用：基于支付宝的移动生态体系

支付宝的产生来源于移动支付。最早应用于网络电子商务平台淘宝，解决买卖双方支付的信用问题。经过多年的发展支付宝已成为中国最重要的线上线下支付工具。在此基础上，阿里巴巴开发出征信系统：芝麻信用。通过挖掘用户的消费习惯和消费行为，建立起有效的芝麻信用评分系统，率先实现了征信业务的线上化。与此同时，将芝麻信用创新性地应用到各种支付场景中，完成从支付到信用支付领域的拓展。由图8.1可以看出支付宝的广阔应用场景，移动新媒体终端都可以实现。

支付宝应用场景主要分为以下几个方面：

1. 教育

越来越多的教育缴费通过支付宝钱包的方式实现，不仅高效还方便。支付宝还有相应的支付账单的查询功能，支付宝也能实现与学生证信息的绑定。

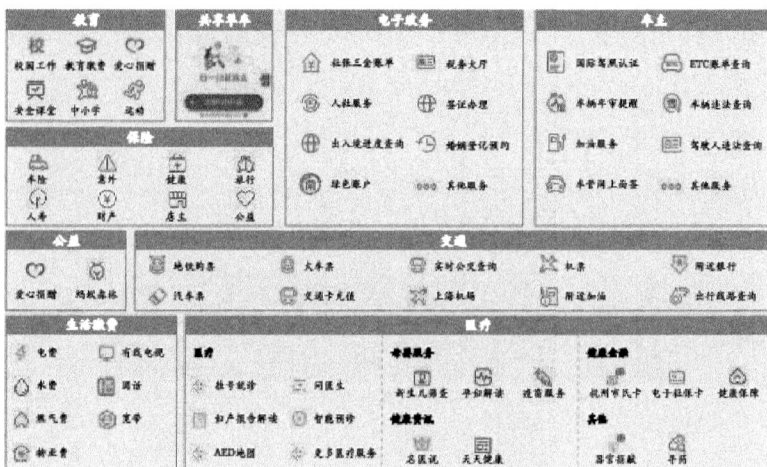

图 8.1　支付宝的应用场景
来源：阿里巴巴；文献研究。

2. 电子政务

首先从用户的账户入手。政务方便和快捷的实现必须要将用户的账号纳入考虑。支付宝在应用程序中也是巨无霸的存在，包括 4.5 亿的实名认证的用户数量，用户只要简单地打开支付宝，就能够想要实现自己所需要使用的服务项，加快政府部门的业务办理效率，对于政府形象和工作认可度都有较大提升。实名认证的用户体系能够减少以后身份核验中重复工作的次数，减少群众的跑路次数，既减轻政府工作，又节省群众的时间。蚂蚁金服在城市服务中做了大量的工作，首先在江苏省铺开，不仅是水电煤气的缴费，还有交通违法和社保公积金的查询服务，支付宝都能够实现。城市服务的方便能够对政务网起积极促进作用，各类财政支付所需的缴费项目，在接入了支付宝后，学费、考试费只需要通过支付宝就能够缴纳，不需要去办事大厅排队取号，真正实现了工作效率的提升。江苏的政务网和支付宝的战略合作，在短短三个月的时间里就实现了成本的降低，效率的提高。

3. 交通出行

2016 年全国铁路旅客发送量为 28.14 亿人次，超过六成的人在网络上购票。地铁方面，仅上海地铁，2016 年的全网客流就高达 33.97 亿人次。因此过去几年，马云、马化腾都在交通出行领域重兵布阵，着力为移动支付构建一个包含自行车——公交地铁——出租车——汽车——火车——飞机在内的全交通场景。其中支付宝在出行领域的重大进展有：

2013 年 5 月，支付宝接入快的打车。

2013 年 11 月，支付宝接入 12306 网站。

2016 年 2 月，支付宝与伏步（Uber）达成全球出行合作。

2016 年 3 月，支付宝内可购买广州地铁票。

2016 年 4 月，台湾大车队 1.6 万辆出租车接入支付宝。

2016 年 8 月，杭州试运行刷支付宝搭乘公交。

2016 年 9 月，杭州部分高速公路收费站接入支付宝。

2016 年 12 月，全国火车站窗口、自助机陆续接入支付宝。

2017 年 4 月，蚂蚁金服战略投资 OFO。

2017 年 5 月，支付宝上线"共享单车"，支持多家共享单车扫码骑车。

2017 年 5 月，杭州、武汉的公交车几乎全部支持刷支付宝乘车。

2017 年 6 月，支付宝上线停车场无感支付。

2017 年 9 月，支付宝接入"易通行"App，北京部分地铁可以扫码进站。

2017 年 10 月，纽约 80% 出租车接入支付宝。

2017 年 10 月，支付宝接入上海磁悬浮列车，用户可通过"大都会"App 扫码进站。

2017 年 10 月，支付宝接入香港出租车。

交通领域的大体量数据是任何互联网公司都需要的，将交通场景纳入未来场景的发展当中，对未来用户战略的实施和转变大有裨益。数据的精准性也更胜于其他数据。智慧城市的建设规划中涵盖智慧交通，为获取精确的交通数据，各类互联网公司纷纷积极在信用分、新零售方面布局。而交通数据的收集是基于人口红利市场所做出的。

4. 生活缴费

水电费、燃气、固定电话、物业等多种费用都可以纳入到生活缴费中，支付宝在用户不记得自己户号的情况下，可以通过户号的匹配服务，利用快递的收货地址识别出用户的户号，户号匹配的功能是大数据功能的充分利用，再核对匹配信息无误后，用户不需要手动输入户号，就能够查询相应的账单和欠费情况。家庭成员都具有家庭账号，家庭成员每个人都能够知悉家庭的各项费用支出。新版的支付宝又延伸到租赁市场，房东和租客能够在同一个账号内看到房屋租金单的情况，能够促进租赁双方的权益的保护，如果支付宝实现租赁中介的功能，将会对中介行业形成巨大的冲击。

支付宝 9.0 另一亮点是推出了离线缴费功能，不少生活缴费项目是有时间限制的，而离线缴费在生活费用出账后，用户可以在任何时间段缴费，即使不在缴费时间段，新支付宝也会待缴费机构接受缴费服务后，第一时间接收到费用，完成缴费。

5. 医疗场景

支付宝还开拓了大量应用场景，触达更广泛的用户，快速获取用户和扩大用户规模。以医疗场景为例，传统的就诊方式问题较多，不仅排队时间长，等候时间也长，支付宝上线的一站式服务平台，有效地整合看病的全流程（见图 8.2），积极探索"未来医院"的发展方向，也积极研究服务效率如何提升的问题。

为实现这一创新，支付宝与医院和相关合作伙伴共同开拓、整合，深度介入就医全流程，与医院业务流程、信息系统深度对接，与平台伙伴共同打造"未来医院"。目前有 200 多家医院与支付宝签约，其中已

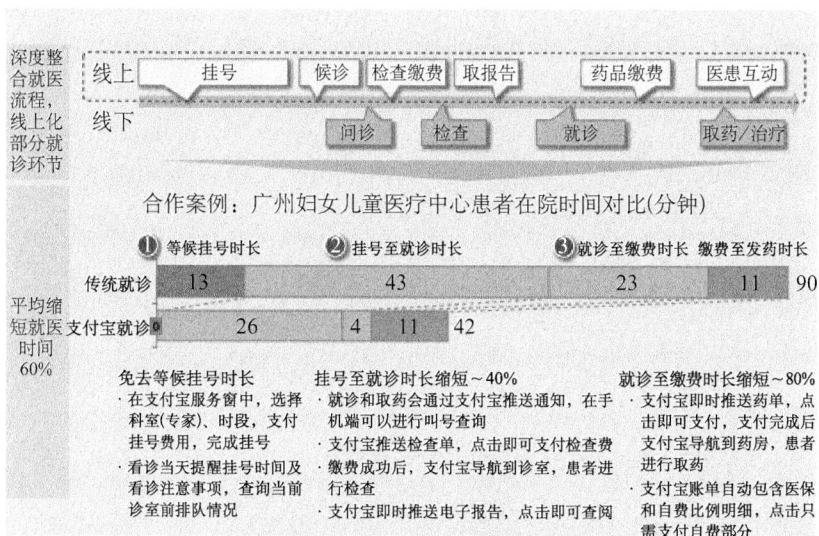

图 8.2 支付宝医疗场景应用

来源：阿里巴巴；文献研究。

上线的为 82 家。未来，支付宝还计划完成电子处方、就近药物配送、转诊、医保实时报销、商业保险实时申赔等环节，并进一步开放大数据平台，结合云计算，与可穿戴设备厂商、医疗机构、政府卫生部门等合作，搭建基于大数据的健康管理平台，推动"未来医院"的新型组织结构的形成。

第9章　移动新媒体的典型应用：今日头条

本章以"今日头条"作为移动新媒体的典型应用。截至 2015 年年底，今日头条的累积激活用户突破了 3.5 亿人，日均文章阅读量 5.1 亿人次，创立时间仅仅三年时间，已经发展成为与腾讯、网易三足鼎立的新闻客户端。

9.1　今日头条的产品逻辑

今日头条于 2012 年 8 月正式上线，是一款没有小编的内容推荐类应用，采用个性化推荐引擎技术，通过海量信息采集、深度数据挖掘和用户行为分析，为用户智能推荐个性化内容。其产品逻辑如下：

用户需求挖掘＋全网内容聚合＋智能匹配＝个性化推送＝高效分发

在用户需求挖掘方面，今日头条引用了算法和数据挖掘，以及机器学习等技术，以用户社交数据为基础对用户兴趣进行动态挖掘和了解，勾画用户兴趣图谱，并在不断的"计算"中完善用户需求。在内容获得和选择上，今日头条本身并不生产内容，也不像其他客户端那样靠编辑人工筛选新闻，而是利用技术聚合全网内容信息，并对所有的内容进行特征分析和关键词标引。在新闻内容的提供上，今日头条秉持"你关心的，才是头条"的宗旨，通过信息内容的精准传播和推送，实现高效的内容分发。

用户量和知名度的明显提升，强调"新闻搬运工"的内容聚合模式使今日头条深陷版权风波。2014 年年底，今日头条推出了媒体平台——"头条号"。截至 2015 年 7 月，"头条号"汇集了超过 3 万多个内容提供方，包括 2.5 万自媒体和 7 000 多家媒体和相关政府、机构，入驻单位覆盖全国 31 个省、市、自治区、直辖市，每天为今日头条客户端贡献 3.2 万篇内容和 73％的阅读量。我国的中央国家机关和政府机构已经将头条号作为信息发布的自媒体平台。

从内容分发着手，利用计算机技术的机器学习和大数据挖掘，今日头条迅速获得了亿级的庞大用户群，通过搭建"头条号"平台，聚集了海量的内容生产和提供方，通过内容匹配系统和广告运营系统，实现内容和平台价值变现。今日头条构建的基本生态系统初步形成（见图 9.1）。

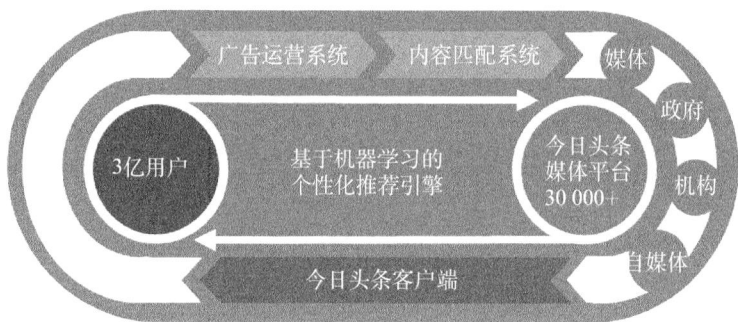

图 9.1　今日头条内容生态系统

9.2　今日头条的发展

1. 用户覆盖情况

根据公开数据，截至 2015 年年底，今日头条累计激活用户数 3.5 亿，日活跃用户超过 3 500 万，国内超过三分之一的手机网民下载了今日头条客户端。从用户活跃度和用户黏性看，根据今日头条平台上记录的数据，用户平均每天使用 6 次，日均使用时长超过 45 分钟，日累计使用时长 10 亿分钟，活跃用户人均单日启动次数、人均单日使用时长均位居同类 APP 榜首。

2. 简要运营情况

今日头条由 2012 年初成立的北京字节跳动科技有限公司研发出品，公司团队中 80% 是技术人员。今日头条目前盈利模式主要为广告，主要来自开屏广告和信息流广告等，月收入在 2014 年就已超过千万元。2014 年 6 月完成 C 轮融资时，估值已达 5 亿美元。2014 年年底，推出"头条号"媒体平台；2015 年 9 月，推出"千人万元计划"和"新媒体孵化计划"，并完善了广告运营体系，鼓励和扶持内容创业。创始人在对今日头条下一步的定位中提出，头条的内容制作上不仅提供新闻内容，还会根据用户所处于的不同场景，提供包括视频类、购物等相应的生活类、服务类信息。

9.3 今日头条的核心价值及未来发展空间

今日头条的核心价值体现在三个方面：①用户数据的积累；②多主体互利共赢生态圈的形成；③移动端信息入口的价值。

1. 海量用户数据的积累

马云曾说过，"阿里最值钱的就是那堆数据。"今日头条超过 3 000 万的日活跃用户，每个用户每天使用时长超过 45 分钟，平台每天平均产生 67 亿次下拉上滑、700 万次收藏、440 万次站外分享、350 万次顶踩和 110 万条评论，所有这些行为都会被反馈到服务器上，从而被记录下来。今日头条掌握着大量的用户数据，能够基于行业、人群的不同方向实现算法的运算，来对数据做出分析，达到数据价值的最大化。

2. 多主体共赢的内容生态

通过头条号的创立，依托其流量分发优势、广告运营匹配、资金扶植、自媒体孵化器、产品支持等一系列内容聚合与生产的培育机制，吸引机构、自媒体内容向平台汇集。通过广告运营系统，在分发内容的同时，也实现了广告的精准匹配与分发，同时也实现了内容的商业变现。由此，平台形成了一个由用户、内容生产者、广告方、投资者组成的多主体互利共赢、稳定且可持续发展的内容生态体系。

3. 移动端的信息入口

今日头条是最近一年中装机量最大的 App 之一，是动网络中的较大的流量入口。报告分析，今日头条的流量的总数达到了除去腾讯新闻外其他所有客户端的总和。互联网中，流量始终是王道。今日头条做到了内容生态集聚的形成，获取了极为有效的用户数据，构建了巨型流量入口，今日头条的流量分发生意未来可以扩展到更多领域。在创始人张一鸣的构想中，今日头条将从一个内容应用起步，最终打通人、信息和服务，成为一个更庞大的生态，一个更关键的移动入口。

9.4　今日头条对内容产业的创新意义及启示

今日头条没有 BAT（百度、阿里巴巴、腾讯）、新浪的大公司背景，也没有足够的用户基础，从零起步，它的出现和发展，是大数据等先进互联网技术在内容产业的具体应用，它所构建的全新的内容聚合和分发机制，重新定义了内容产业的内涵，今日头条在把握内容产业的发展方向，以及推动传统内容产业的转型方面独具优势，是其他类产品学习的对象。

（1）用户需求定位：从某类用户的共性需求到针对每一个用户的个性需求。

传统的内容制作强调用户群的重要性，并不突出个体用户的个性化需求，更多基于特定群体的共性需求，市场调查也要求实现特定目标，今日头条对于不同的用户个体，能够充分利用户喜好的不同，分析用户需求，并能够连接到其他社交账号上。在 5 秒内实现对用户数据的挖掘，形成用户兴趣图谱，并根据用户在平台上的每个动作 10 秒之内更新个人模型，从而实现用户用得越久，越了解用户，不断提高匹配精准度。今日头条将大数据技术的作用发挥得淋漓尽致，是移动互联网的"用户中心"的最好诠释，所以今日头条实现了快速的发展。移动互联网时代，产业环境、用户需求、技术支撑、产品概念、商业模式都在发生巨大的变革，传统内容机构应该在移动互联网的背景下思考产业转型升级，在移动互联网的框架和逻辑中来理解用户和市场，充分利用网络平台与技术，重视与用户建立有效连接，把握用户个性化需求，在内容产品与服务、传播渠道与方式上创新，从而实现商业模式创新与业态转型。

（2）内容消费痛点：最稀缺的不是优质内容而是内容分发效率。

痛点就是用户在一个特定场景下的核心需求点。传统内容产业从业者一直以为用户最需要的是优质内容，总是在强调"内容为王"。今日头条却利用算法技术实现了内容分发效率的实现，进而缩减了读者用户搜寻信息的时间成本。实现了内容和人的高效精准连接。移动互联网的发展带来了信息爆炸，用户的时间越来越碎片化，这就决定了当用户想从手机获取信息时，特别希望一打开就是自己想要的。今日头条正是抓住这一点，取得了飞跃式发展。分发效率的提升不仅要从用户的需求出发，打破原有的传统约束，扩大发布渠道，建立有效的分发渠道体系。从现状来看，各类终端载体和各类传输通道，构成了丰富的数字内容分发渠道。

手机上网的移动终端是实现从制作到消费的工具，是内容制作目的实现的出口，必须探究各类平台，各种渠道的多层次发展，来获取更多用户数量和提升企业利润，实现企业的长期发展。

（3）信息筛选权力：从以编辑为代表的传媒精英到社交关系和算法。

行业的普遍观点是内容生产的根本优势在于提供优质内容的能力，而最基础的是编辑的筛选能力，将最有用的信息传递到用户手中，但在今日头条没有编辑存在，80％的员工都是技术人员，却在短短的时间里用对用户需求的机器智能匹配技术战胜了无数优秀的出版机构、新闻机构，甚至从四大门户的新闻客户端手中抢走了三分之一的用户。张一鸣在最近一次演讲中描述："未来媒体，是时候把过滤信息的权力让渡给社交关系和算法了。"传统媒体信息过滤的权力，某种程度上已经被社交关系和算法技术替代。

信息爆炸的泛阅读时代，编辑的价值判断已经不再是内容媒体的核心竞争力。移动互联网技术的突飞猛进，也促进了新媒体行业结构的调整，不能够充分利用互联网关键技术，将极有可能失去未来行业发展的话语权。传统的内容制作方应该以开放的心态，积极地强化自己的技术实力，真正提升内容生产竞争力。

（4）对内容平台的认识：从"去中心化"到多方共赢的生态系统。

数字技术的发展改变了内容的生产方式和传播方式。今日头条与之前的数字展示平台不同，它创立起多类型用户的闭环生态系统。在与以专业数字内容平台等为代表的中介平台的合作中，内容方无论是在版权使用规范上，还是盈利分成上都非常受伤。所以，去中介化成为数字出版人一度高扬的大旗。手机运营商的阅读平台、亚马逊电子书销售平台收益不少，但从整体看，市场的外延没有打开，处于分隔的状态。微信账号基于微信公众号的阅读平台，更多的时候只能从朋友圈的分享转载才能够被更多的人所了解，不是用户自己主动寻找的行为。头条号则将用户感兴趣的内容进行匹配分发，为内容制作方的头条号带来更多的流量进入。《北京青年报》常务副总编田科武曾在其文章中提到，他在微信订阅号上发的一篇亲子类文章，在微信上阅读量是 6 000 多，但进驻头条号，四天时间阅读量就突破了 130 万。

今日头条的发展模式类似于淘宝提供的平台，为传统的内容制作机构提供了转型发展的高效平台。我们可以预见的是，随着数字信息技术的发展，数字出版产业会形成内容生产、内容传播、内容分发完整的产业链条。在注意力中心化消解、小众长尾需求逐渐得到满足的互联网环境下，随着渠道扁平化、多元化，内容变现的链条被打通，并成为天然流量入口。未来，具备"生态"特征的龙头企业将成为真正有竞争力的内容平台，具有专业性、精品化特质的内容创业团队将迎来光明。

第 10 章　移动新媒体的典型应用：出行 APP、网络直播

10.1　滴滴的生态体系构建

互联网新媒体改变了传统行业，其中典型的例子就是滴滴打车。互联网是一种能有效提高行业服务效率，整合行业平台资源的工具，更重要的是具备互联网思维，围绕消费者，从消费者需求入手。并且不仅仅是单纯地将传统行业与互联网相加，更是一种融合，线上与线下的融合，内部与外部的衔接，在融合中不断发展。移动互联网和手机终端将线下的用户和企业供给通过线上平台联系在一起，创造了新的信息传播类型和新的产业。

此外，互联网提供了产品宣传和营销信息传播的平台。企业宣传自己的品牌是一大难点，有时会力不从心，而新媒体则提供了很好的平台，具有成本低、时效性、用户覆盖率高等优势。微信、微博的广泛应用是一个绝佳的范本，其互动性极强，可以随时与用户交流并收到反馈；并可以有效传达企业文化、企业营销理念等。另外，事件营销也

为企业营销的一种手段，事件营销一般以软文的方式呈现，以达到传播的目的，因此相对于平面广告来说其成本要低很多。如果企业能够充分利用新媒体平台，并在其基础上把握网络营销的机会，注重企业产品、服务与新奇、独特、有趣的事件相结合，使每个人都有可能成为自己品牌的传播者，有助于提高企业知名度和美誉度，促进其持续健康发展。

同时，网络使消费者成为信息源。竞争激烈的市场，想要取得优势，就要紧跟时代潮流。以滴滴打车为例，司机作为其重要的用户，能免费为品牌做宣传。除了平时的宣传，如果能让消费者口口相传，能达到更好的传播效果。互联网的创新，带动了商品和服务的创新，会激发消费者新的消费需求。相反，在新经济时代，消费者需求呈现出多样化、动态化、个性化的发展特点。企业想要持续健康发展就必须掌握消费者的消费习惯，通过企业与消费者沟通，消费者进行反馈，既可以对现有产品进行改善，又可以了解消费者的动态需求，调整产品结构。企业发展不能完全被动地接受外部的信息，要主动地调查发现消费者新的需求、新的消费习惯、新的突破口等，以便及时更新换代。

滴滴打车已逐步建立了自己的新媒体生态体系。现已与百度地图、微信、支付宝等进行跨平台合作，通过完善的第三方服务，给用户提供更加完美的体验。如图 10.1 所示，背靠中国巨头阿里巴巴和腾讯在支付和社交领域强大的生态布局，是滴滴成功的关键之一。在支付方面，滴滴借助腾讯和阿里推广移动支付的契机，强强联合，以大规模的补贴在短时间内获取了大批客户。在营销渠道方面，滴滴亦借力腾讯和阿里在社交网络的布局和影响力。通过与微信的深度绑定极大提高了用户触达滴滴的概率；微信钱包内置滴滴出行入口，无需另外安装滴滴客户端也能直接通过微信打车；只要通过微信支付车费，用户就会自动关注滴滴出行服务号；滴滴官方微博粉丝数量多达数百万，形成口碑营销；分享红包功能用户可以一键转发微信好友、朋友圈、微博、支付宝好友。

滴滴的生态体系

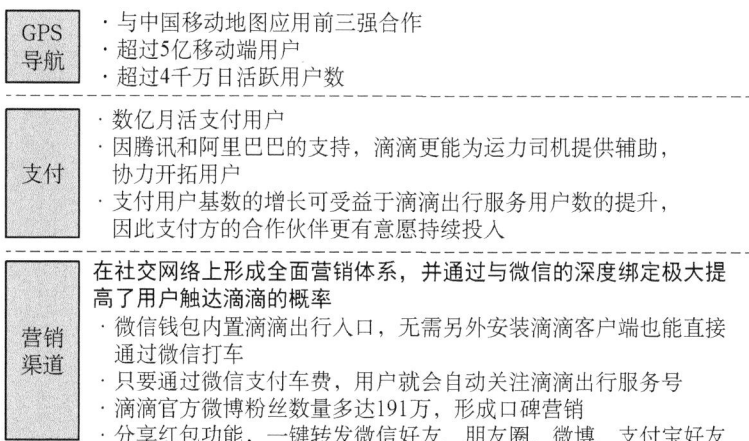

图 10.1 滴滴的生态体系

来源：文献研究；BCG 分析。

10.2 网络直播

1. 网络视频直播的传播现状

巨头入场，资源向集中化发展。从国内的网络视频直播行业的参与方分析来看，巨头公司 BAT 的入场，完善了生态闭环（见图 10.2），

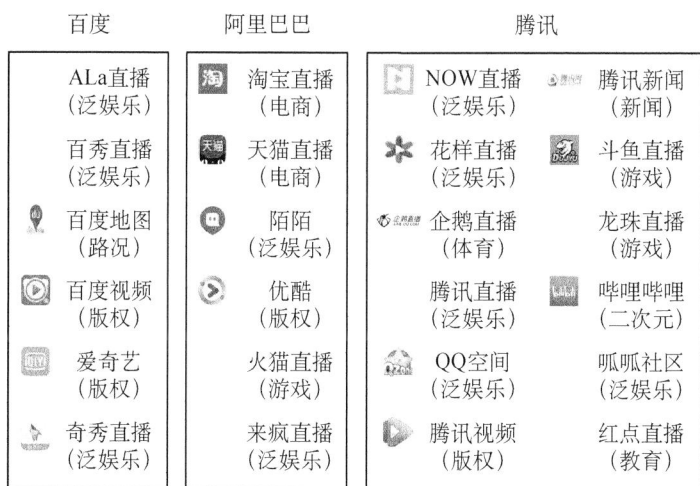

图 10.2 BAT 直播行业布局

为直播平台导入了巨大的流量，同时巨头公司在运营策略和技术实力上给予支持，推动了直播行业的纵深发展；综合的网络视频行业获得了广泛关注，在自己的产品中设计了直播入口，进行自制节目的版权直播，从自身的优势切入，进一步扩大原有流量入口。就直播方式的转变来看，大部分的直播用户从 PC 端转向移动端，直播平台也不断走向垂直化、多元化，在对直播平台的投资布局中，我们发现视频网站不仅在泛娱乐方面有所发展，也在不断拓展体育、旅游等垂直类直播。国内独立直播平台的发展与国外巨头的独立直播平台不同：一方面，国内直播平台进入时间较早，具有先发优势，已经形成了自己的用户规模；另一方面，国内直播平台的区域特色比较显著，已经形成了独特的社区氛围，所以在各方资本进入的情况下，独立的直播平台依然有生存空间。

基于移动互联的网络直播扩张潜力巨大。移动直播端的用户基数飞快扩张，凸显移动直播市场未来发展的广阔前景。从 2016 年前九个月的数据显示来看，网络直播的月度使用设备的数量呈现快速发展的趋势，增长率也是保持月均 7%，增长率的高速增长是移动视频直播繁荣发展的重要体现。视频服务移动端形成广泛的用户基础，2016 年 1 月到 7 月用户累计月度使用设备量突破 9 亿，全年来看，2016 年的移动直播呈现爆炸式增长，2016 年网络直播服务使用量的增长速度有三个月都突破了 10%，单个月份中，9 月份，网络直播使用设备达到创纪录的 1.54 亿台。全民化是用户基数飞快扩张的显著特征，从短期来看，用户数量突破两亿只是时间早晚问题，从长期来看，视频用户转换为直播用户的深层潜力较大，未来转化可能性较高，利用用户规模这一巨大优势，移动视频直播的未来发展能够带给我们更多的想象。

用户黏性不断增加，增强商业模式价值。从 2016 年 1 月—9 月网络直播月度使用设备变化情况来看，使用设备的活跃度不断提高，用户的黏性不断增强，不仅预示着移动视频直播发展的广阔未来，也为其进一步的商业探索奠定了基础（见图10.3）。2016年1月到9月的网络直播月度总有效使用时长高达2.4亿小时，比年初1月增长将近一倍多，其中增长最高的月份是8月，增长率达到了50.9%。有效时长的延长进一步增强了用户黏性，反向地，用户黏性强度也延长了用户的有效时长。而8月的飞速增长的主要原因是在7月各直播平台的宣传造势及有利的运营活动，积极有效的宣传造势无疑为网络直播行业的快速发展发挥了重要作用（见图10.4）。

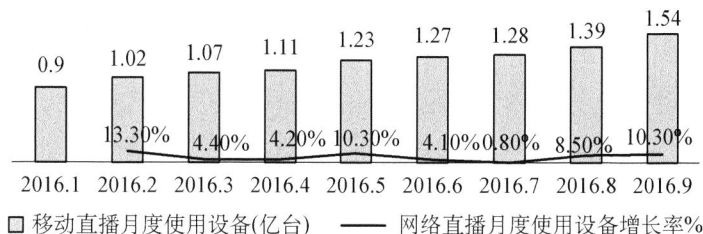

图 10.3　网络直播设备变化趋势

来源：iresearch。

图 10.4　网络直播使用时长变化趋势

来源：iresearch。

2. 网络视频直播的商业模式

（1）泛娱乐直播为主，多类型平台共存。电视直播一直被认为是传统直播的主要方式，但伴随着以秀场直播为代表的视频移动直播的出现，直播内容的娱乐属性逐步增强。作为内容提供方的主播，其核心竞争力由颜值转向了互动能力强以及特殊才艺展示，主播虽然已经形成规模，但是缺乏差异化的特征，所以主播同质化的现象比较严重，主播培训体系的标准需要进一步细化。同时各大直播平台的自制活动和版权活动的优质资源较为稀缺，而作为用户方的需求不断扩大，造成了有效需求的严重不足。

就直播平台的类型上来看，时下主流的直播平台就是泛娱乐类直播，泛娱乐类直播平台在整个市场中的占比达到了 51.1%，基础运营费用更低是泛娱乐类直播平台快速发展的重要原因；游戏类的直播能够占据了 18%，游戏直播平台通过弹幕、评论的方式，能够与用户之间实施有效互动，给游戏用户更多交流的机会；垂直类直播平台占比仅次于泛娱乐类直播，垂直类直播作为传播的载体，与其他行业的良好结合实现了 1+1>2 的效果；版权类直播受限于自身稀缺的直播活动资源，直播平台数量一直较少，发展速度与其他类型的平台相比也较慢。

就产业链分析来看，直播行业中内容的提供方和直播平台趋向于多元化，用户的习惯正在慢慢培养。虽然不同类型的直播平台的内容差异性较大，但不同类型平台也在寻求如何更多地结合其他类型的直播方式，以此形成自己的多元化发展方向。面对泛娱乐板块的变现优势，增加泛娱乐内容板块是其他各类直播平台的不二选择；泛娱乐直播出于用户数量和用户黏性的考虑，开始向垂直化直播的方向发展，相互借鉴学习，各大直播平台的综合性进一步提高。

（2）直播平台营收模式。直播平台的营收模式主要有两种：①用户付费，将用户打赏的功能放入到直播平台当中，或者提供相应的增值服务给用户，用户付费收看；②广告付费，包括不同直播平台的游戏直播广告收入、直播的服务收入。用户付费是当前直播平台主要的创收方式。从 2016 年直播方的收入结构来看，用户付费占到直播平台营收的 80%左右，而营销收入则只有 20%。

泛娱乐、游戏类内容直播利用了直播的互动性特征，用户使用的打赏功能能够获得收益，直播平台对于不同主播获取打赏的能力和发展等级制定收益分成规则。进入直播平台的流量越多，主播和用户的互动性越高，主播所能够获得的收益越大，直播平台相应也会拿出更多的分成比例。所以主播和直播平台的收益息息相关；版权类平台的发展方向依然是以用户付费的增值服务为主，直播内容突出有效知识的获取和观看，互动性比泛娱乐类差，目前优质的直播内容如大型演唱会、大型活动的直播依然是极为稀缺的资源，付费观看是其主要的营收方式，同时兼顾有免看广告和个性化的内容定制等服务。从整体上看，泛娱乐类、游戏类直播的用户以打赏付费为主，版权类的用户主要以提供增值服务为主。直播平台的用户打赏的付费资金流向大多是平台抽成 25％，经纪公司和平台的主播抽成其他的部分。

（3）直播营销价值显现，开始"直播＋营销"的探索。营销方式主要有三类：①展示类广告，深耕直播平台，开发出更广泛的用户群，实现营销曝光的有效性、针对性；②原生类营销，深入用户内心，方便用户了解产品，多维度展示产品的使用效果，实现用户体验与真实感官差距最小化，扩大产品的品牌效应；③服务类的营销，利用好直播平台的实时性特点，个人、企业直播的活动现场结合直播的实时性特征，扩大了场景展示空间，突破地域限制。由线下的营销展示搬到了线上推广上。

3. 网络视频直播行业的影响和问题

对于受众群体的影响，我们引入了目标群体指数（TGI），该指标反映目标群体在特定的研究范围内的弱势或强势（目标群体中具有某一特征的群体所占比例×标准数）。第一，网络直播的男性用户更多，占整个直播用户的 62.5％，同时 TGI 指数更是达到了 110.8。第二，从移动设备的使用系统上来看，安卓系统的用户更多，占比达到了81.1％，TGI 指数也达到了 112.9。第三，观看网络直播的人群更多地集中在 35 岁以下。我们可以认为 90 后人群已经成长为网络直播的主要用户，这个与网民的年龄分布基本类似，受众的用户呈现年轻化、低龄化的特点。

从社会影响方面来看，网络直播已经成为商业的新模式，随着个人电脑和智能手机的广泛普及，上网的人数不断增加，网络直播的收看是整体网络使用的三分之二，我们已经看到直播的受众用户呈现年轻化、低龄化趋势，直播平台受众度的提高和受众群体的年轻化对于行业的发展是有进步作用的，直播过程中的广告能提升产品的知名度，从而促使商家积极发展适销对路的新商品，迎合现在年轻群体的喜好。通过网络视频直播的宣传与积极营销，创造其他行业发展的新业态。

网络视频直播也已经成为收看视频的流行趋势，网络直播可以随时随地进行收看，没有地域的限制，能够准确快捷的传递信息，而相比传统的电视直播，设备的使用极为不便，而且只能在家观看，电视直播中主播与用户的交互性较差，用户与主播的互动性很少，不能及时获得观众的反馈，在快捷性上不如网络视频直播，所以对于传统的电视直播行业冲击较大。

网络直播的整体收入水涨船高吸引了更多人加入到职业主播的行业，各大直播平台成为全民公共的副业平台，从业人数的扩大聚集了更多的人才资源。然而新行业的发展和成熟是一个长期的过程，固然主播人数的扩大能够给网络直播行业带来更多的人力资本，但是网络主播的群体鱼龙混杂，因此部分主播做出了行业内的不良行为。这无疑会破坏行业的良性发展，对于行业的进一步发展极为不利。

此外，同质化竞争严重。2016 年是网络直播发展最为迅速的一年，众所周知，网络直播的门槛低，获利快，网易 bobo、百度百秀、腾讯新闻客户端直播入口的出现推动了直播行业的百花齐放、百家争鸣，在国内网络视频直播竞争越来越激烈的情况下，各大网络直播平台的泛滥式发展，引发行业内恶性竞争。越来越多的直播平台开始利用一些不正当竞争的方式诋毁和诽谤竞争对手，通过网络公关公司有意地在网络上攻击竞争对手，以此达到排挤竞争对手的目的。网络直播平台的观看人数造假也是层出不穷，更有甚者通过行业的潜规则，挖走其他直播平台的人气主播。另外，各大网络视频直播的平台运作方式趋同，大多以游戏直播和美女主播为主，知识型的直播平台少之又少，高颜值、内容新奇是各大直播平台的惯用手段。用户的虚拟礼物打赏是直播平台的变现途径，各大直播平台亟须寻找适合自己的个性化、精细化发展策略。

从直播门槛的高度上看，低俗化、过度娱乐化的问题凸显，直播平台主播的整体水平参差不齐。为了获取更多的关注度，一部分的主播破坏了行业规则，游走在法律的边界上，利用尺度较大、严重低俗化直播内容获得用户的打赏，最后只会自取灭亡。从用户方和直播平台角度来看，平台主播利用直播用户的窥私欲，间接催生低俗化直播内容的出现，同时直播平台的泛娱乐化衍生了很大一部分大尺度、恶俗的直播现象的产生，过度娱乐化、低俗化的直播内容对于行业发展有害，对社会的危害更大。

相关部门的监管太过宽松，网络直播的监管无法实现技术拦截，更多只能依靠人工监管，对于移动端和 PC 端的直播画面很难进行实时监控。

10.3　案例分析——以花椒为例

花椒直播于 2015 年上线，从成立至今来看，花椒直播一直坚持强明星属性和社交属性结合的方式，来建立起涵盖明星、主播和普通用户的直播平台，通过明星主播入驻的方式，用户和明星的距离一下被拉近；同时，花椒还聚集了一大批网红主播，网红主播在自己的直播圈中形成相当数量的粉丝。从文字到图文，再到语音和视频，直播改变了社交的方式。未来花椒将继续坚持直播内容的多样化和精细化。

通过直播间的用户数量、打赏、留言、分享、点赞等多种方式来计算直播内容的黏性，为用户黏性较高的主播提供推广支持，推动全民直播的生态发展。强明星的属性为花椒带来更多的关注度和大量的用户，也吸引了大量品牌商户的入驻，以此带来更多优质主播，形成了一定的集聚效应，构建了良性的直播生态。

从 2016 年的数据可以看到，花椒 APP 的下载量累计 1.3 亿次。花椒还举办了首次直播界的颁奖典礼，邀请了范冰冰、张继科、王祖蓝等一众娱乐、体育明星，倾情打造了多方位、全覆盖、多视角的直播盛宴。在平台的搭建上，花椒直播和各大合作伙伴达成了多项战略构想，与途牛达成的战略合作开启了直播与旅游融合的典范，积极探索直播和其他行业的均势发展。营销方式方面，花椒直播在"双十一"购物节上，与京东、淘宝、苏宁易购三大电商平台积极合作，京东"双十一"当天在花椒进行了 12 个小时的直播秀，淘宝通过广告位，在花椒直播的平台上分派"双十一"红包。

网络视频直播的政策建议

1. 创新运营方式，探索直播平台发展方向

直播行业的日渐成熟，用户规模的大量累积，直播平台需要实现自己的内容升级。各种类似的直播平台层出不穷，只有实现商业模式的升级，通过精细化的运营，开源节流，减少自身的成本消耗，才能在激烈的竞争中占有一席之地。同时，在泛娱乐类型平台的直播发展空间缩小的趋势下，专注于垂直领域和优势领域内容的结合，深挖垂直用户，形成自己独具特色的综合优势，发展成更加成熟的直播平台，才能充分发挥自己的工具属性。

2. 丰富直播内容，扩大直播平台的影响力

移动视频直播不仅仅是一种表演的形式，更是用户获取有效信息、满足娱乐、社交需求的重要渠道，直播内容的单一化，只会带来审美疲劳。多种类型的直播内容，可以把娱乐价值纳入到直播的内容中，教育价值、媒体价值、社交价值的相互融合，不仅是现在阶段直播平台所需的能力，更是将来直播平台的发展方向。通过更多的优质资源直播内容

的放送，将自己流量变现的能力发挥出来。此外，直播平台必须要抵制各种低俗、泛娱乐化的直播内容，营造良好的行业环境，从而创造更大的行业影响力。

3. 规范行业行为，促进行业良性发展

政府监管部门引导直播行业的健康有序发展是极为必要的，网络视频直播是新生业态，核查各大直播平台的相关证明，整顿直播平台无序生长的乱象；从行业准入程序上严格审查，提升行业的进入门槛；监管技术的突破能够及时监测网络上的恶俗行为。行业协会建立有效完整的行业自律准则对行业良性发展起着基础性作用，实施相应的惩罚和退出机制，建立直播平台有效的信用机制和黑名单制度。行业和政府监管部门的双拳出击，同时发力，能够形成网络视频直播行业的良好生态圈。

第三部分

新媒体产业、内容与技术

第 11 章　新媒体广告

　　新媒体广告，顾名思义，就是新媒体上的广告。随着数字技术的发展，因特网、移动电视、移动通信等得以快速发展，信息传播发生了重大的改变，广告业运营呈现出了崭新的面貌，广告主和广告公司对于新媒体广告予以了高度关注，但新媒体广告毕竟是新事物，人们对其认知和实践尚处于摸索阶段，故认真研究新媒体广告成为摆在人们面前的重要课题。

11.1　新媒体广告的发展

　　新媒体广告的发展，主要分为早期的网络广告、富媒体广告和数字媒体交互广告三个阶段。这三个阶段不完全是顺次衔接、相互取代的，而是在一定时期内并行不悖的。

　　1. 早期的网络广告

　　早期的网络广告，是较早出现的新媒体广告形式。它伴随着网络的发生发展而出现在人们的生活中。网络广告即指依托网络技术，通过网络进行传播的广告。当然我们这里指的网络广告，是指早期传统意义上的网络广告。现今通过网络传播的广告种类繁多，运营成熟，而早期网络广告的特点：广告形态比较单一，信息承载量小，传播互动性差等。

2. 富媒体广告

随着网络带宽的扩展以及数字技术的发展，富媒体广告形态出现在人们的视野中。富媒体广告（Rich Media），具有整合媒体的特性，它集合了视频、音频、动画图像等多种传播介质于一体，符合其名称"富媒体"的特征。这种广告能够实现信息传播的双向性，增强与用户的交互性。它与早期的网络广告相比，具有信息量大、主动性强、表现形式丰富、高效传达、检索便捷、数据统计方便等优点，受到广告主和广告商的青睐。

3. 交互广告

随着社会的发展，Web2.0交互技术的应用使交互广告得以快速地发展。交互广告，主要侧重于广告的交互性，随着技术的发展，广告主体可以在发展广告之后，通过一些数字交互媒介，消费者可对宣传的产品、服务或观点进行反馈，从而增加产品销售或增强品牌形象。交互广告具有受众体验度高、互动交流便捷、即时性强、交易支付方便等特点。

11.2 我国新媒体广告的发展现状

新媒体广告是以新媒体为平台，以数字传输为基础，可实现信息即时互动的产品和品牌传播行为。新媒体环境下，多种媒介符号可以同时使用，文字、图片、声音、影像、动画等可以在一个平面上通过数字技术呈现出来，大大增强了广告的富媒体性。广告制作手法已经发生了翻天覆地的变化，广告的内容和种类大大增多。目前在互联网以及手机媒体上的广告包括网络环境广告、搜索引擎广告、网络视频广告等。新媒体广告市场的拓展也为新媒体的发展提供了经济来源，并且随着技术的进步、网络基础设计的不断完善以及消费市场的成熟，新媒体广告将逐步超越传统媒体广告。

国内外学者对新媒体广告有不同的分类，随着互联网技术的发展，新媒体广告类型本身也在不断创新。根据目前各种类型新媒体广告的影响力，以下对新媒体广告进行一一介绍。

1. 网络环境广告

网络环境广告，也称网络发布式环境广告，指以互联网为平台，借助数字技术，通过图文或多媒体方式发布的广告。这类广告是最接近于传统广告发布模式的新媒体广告，可以说是传统媒体广告形式在新媒体平台的发布。因此这类广告在互联网媒体发展初期是占统治地位的广告类型，早期的互联网媒体如门户网站主要依靠网络环境广告。

网络环境广告具有直观性特点。主要以产品和品牌信息的发布和告知为主要目的。当用户打开网站时，可以直接浏览到发布在网页上的广告，是网络信息环境的一个重要组成部分，从某种意义上说，和报刊媒体的页面广告、户外媒体的电子屏广告以及电视媒体的插播广告属于同一类型。

网络环境广告具有信息接收的强迫性特点。用户打开互联网网页时，大部分都不是出于浏览广告的目的，就像看电视节目一样，然而网页上的广告已和网络其他信息融合，在浏览新闻或其他信息时很难不注意到广告。这种不是出自用户自愿但是仍然发生的行为是一种被动行为，具有强迫性特点。这也是网络环境广告与传统媒体广告相似的一点。

网络环境广告也具备深度互动的前导性特点。这一点是传统广告无法做到的。当互联网环境广告被用户关注时，用户产生兴趣，并且利用网络的超链接性可以获取进一步关于产品和品牌的信息，并且进行在线的咨询和交流。网络环境广告起到一种引导作用，一个产品或品牌通过环境广告抓住用户注意力，就像一本书的前言，吸引人进入阅读一样。

网络环境广告主要包括旗帜广告、按钮广告、竖边广告、通栏广告、巨幅广告、全屏广告、网页视频广告等（见图11.1）。

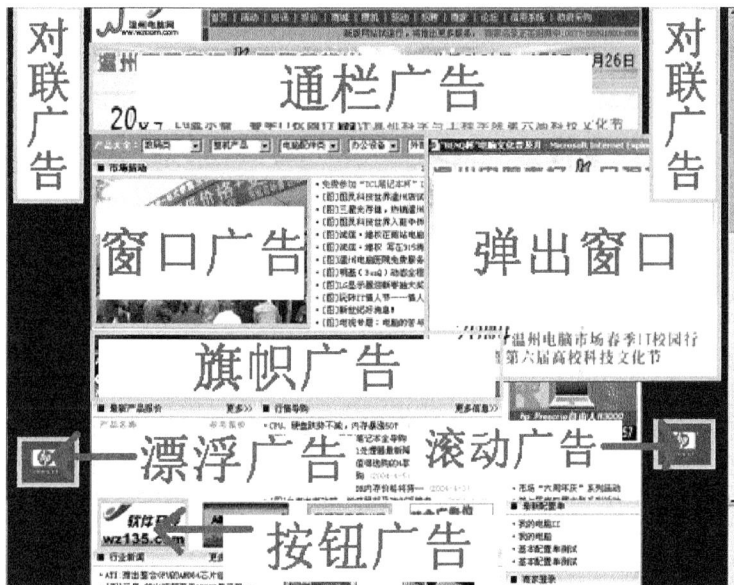

图 11.1　互联网广告的部分形式

2. 搜索引擎广告

随着Google中文、百度、搜狐、新浪、雅虎中文等搜索引擎逐渐成为人们生活中的一部分，通过搜索或网站推广发布的广告信息越来越深入人心。很多人大量地使用搜索引擎来选择、识别、抓获信息，搜索引擎的浏览量已超过门户网站。在这种情况下，搜索引擎平台成为新媒体广告关注的重点，因为比起网络环境广告来，这种广告的主动性强、用户细分度高、浏览量和到达率高。

搜索引擎广告包括关键词竞价排名、付费展示、内容相关定位广告等。利用用户搜索关键词而分辨出用户所需要的信息类别，从而在页面一侧显示出和关键词相关的企业链接，一般利用纯文本链接的形式，对有效传播广告信息起到很大的作用。在此基础上，搜索引擎提供商开发了关键词竞价排名广告形式，一个核心理念是广告信息与所处场景的内在逻辑性，即当用户搜索某个关键词时，相关的产品和品牌可以被检索出来排在检索结果的前列，当然这些产品和品牌是付出了高昂费用的。

随着搜索引擎在广告发布业务上的兴盛，面对行业版图的改变，传统广告业面临巨大的考验。但目前搜索引擎有能力构建中小企业广告发布平台，对于大客户却只能起到辅助作用，大品牌还是需要坚守以传统媒体为传播原点。

3. 手机广告

随着移动互联网在信息传播技术上的进步以及移动终端在信息接收和传播效果上的提高，特别是 4G 技术的普及，使得手机广告具备了广阔的发展空间。中国手机无线广告市场即将进入成长期和快速发展期。由于手机以及其他移动终端设备在移动性、交互性、私密性和多媒体等的优势和特色，手机广告通过短产品推广、优惠促销、活动营销等方式，成为有效集成资讯、娱乐、服务、教育等多项功能的新兴媒体，吸引了大量受众，正日益成为广告商的新宠。

手机广告有几种模式，如传统的手机短信广告，是一点对多点的非精准传播，传播内容比较简单，以文字为主，传播效果一般；手机上网广告，比如 Wap 上网以及现在的 4G 上网，在网页上投放专门适合手机用户的广告；以及手机和传统媒体的互动营销，利用手机的自媒体性和移动特性，开展商品和服务的营销活动。

手机广告是互联网广告的延伸和创新，其优越之处在于移动性、分众性、和及时互动性。由于手机是随身携带的通信和媒体工具，广告信息可以随时随地到达用户，大大提高了广告的到达率。由于手机是人手一机，其身份的识别性很强，从而为广告信息的个性化发送和精确的受众定位提供可能。由于手机具有交互功能，手机广告是互动的信息传播，而不是单向传播。

早期的手机广告主要是短信广告，以文字为主，彩信为辅。信息的容量有限，表现形式单一。短信广告"一对一"传递信息，强制性阅读，时效性强，有高阅读率。在媒介与人接触的有限时间中，能提高人与广告的接触频率。另外传播不受时间和地域的限制，发布费用低廉。

随着移动通信技术的发展和移动互联网的建立，互联网逐步与手机融合，手机上网功能大大加强。手机网络广告即针对用户的使用习惯做设计。比如 Yahoo 令人耳目一新的 OneSearch 手机搜索模式，即是把网页搜索变为内容搜索，以此放入更多的切合用户需要的信息。也就是说对手机用户提供了多种类但每种类少量的内容推送。产品广告是内容推送当中的重要组成部分。从形式上看，手机网络广告与一般的互联网广告区别不大，实际上有着很大的创新，具有更好的互动性和可跟踪性，可以针对分众目标，提供特定地理区域的直接的、个性化的广告定向发布。

手机互动营销，指利用手机微博和微信等主要传播平台，直接向目标受众定向精确地传递个性化即时信息，通过与消费者的信息互动达到市场沟通的目标。手机不仅是产品或品牌信息的传播渠道，而且是与产品和品牌营销相关的互联网应用传播工具。这里包括手机支付、手机购物、手机订票、手机钱包、手机公关、手机微博、手机搜索等等。手机互联形成一个完整的产品、服务和信息流体系，包括每一个参与者及其起到的作用，以及每一个参与者的潜在利益和相应的收益来源和方式。手机营销逐渐走向融合，这主要体现在终端的融合、网络的融合以及业务内容的融合上。

4. 网络游戏植入广告

网络游戏作为一种娱乐媒体，拥有广大的受众。基于其虚拟性、互动性和身份替代性，大量的用户花费大量的时间与金钱在网络游戏上，形成一个信息传播平台。比如美国总统奥巴马在竞选时，充分注意到网络游戏平台拥有大量受众，在 NBA 等体育网络游戏加入其竞选口号和内容，引起游戏玩家的重视。再比如可口可乐公司为了开拓中国市场，与在中国拥有大量用户的魔兽世界合作，将其产品标识植入到游戏内容当中，甚至于将其代言人的卡通形象也加入到游戏当中，因此当我们在游戏中看到穿着可口可乐红色战袍的 S. H. E、刘翔以及李宇春时，就能联想到可口可乐。再如国内盛行的抢车位游戏，在游戏中大量的品牌信息清晰地通过游戏面板呈现在玩家面前，并且通过新车快报的链接，玩家可以在论坛中了解并讨论各品牌新车型的性能及优势。

此外，中国的广告代理商也做起了游戏内置广告。如跑跑卡丁车，一个游戏场景中有很长的跑道，两旁有很多的广告牌，具有很大的广告价值。这样，广告信息在同一场景不断重复，能够很好地加深玩家对产品品牌的印象。当然，所有的内置广告都要在不影响游戏的前提下进行，这有赖于资源、技术、平台的发展。

5. 电子触摸屏

作为互动多媒体的电子触摸屏较传统媒体更能适应信息互动、实时、全方位传播的要求，具有操作简单、直观性强等优点，并将人机交互变为现实，增强了广告的互动性。

现在，越来越多的电子触摸屏出现在广告展示会上，带来了很好的广告传播效果。如许多房地产公司把楼盘的广告以及具体的价位、户型、地段、绿化、物业等售楼信息展示在电子触摸屏上，供购房者随时查询（见图 11.2）。

11.3　新媒体广告的特征与问题

1. 新媒体广告的特征

随着新媒体技术的发展，新媒体广告形态越来越多样，越来越引起人们的关注。现在我们整理一下新媒体广告的特点。

（1）互动性。和传统媒体广告相比，新媒体广告的互动性是其最基本的特点，也是最重要的特点。新媒体广告的一大优势在于它的"双向传播"，它能够实现广告信息的交互。受众通过新媒体平台接触到广告，

图 11.2　某 LED 广告招商

它可以选择是否阅读这则广告，除此之外，受众还可以对新媒体广告进行反馈，也可以和广告主进行信息交流。广告主可以通过广告了解受众的信息、需求等等。

（2）跨时空性。发布于报纸、杂志等传统媒体上的广告，往往会受到传播时间和地域的限制，使得传播范围小，传播效果受影响。新媒体广告则不受时空局限，可以实现在全球范围内传播，而且只要具备齐全的上网条件，在任何地方都可以实时在互联网上接收广告。

（3）灵活性。报纸、电视等传统媒体的广告一旦投放，不易更改，成本费用较高。但是新媒体广告改变了这一现状，如果在新媒体上投放的广告出现了什么问题，往往可以及时修改更新，具有很好的灵活性。所以，新媒体广告相较于传统媒体广告更灵活，而且在广告内容和形式上可以做到及时更新。

（4）多样性。传统媒体的传播方式是信息发布者到受众的单向线性传播，静态的传播方式使得信息缺乏流动性，受众只能无条件地被动接受，没有信息的反馈。而新媒体广告的传播方式呈现多样性，包括一对一、一对多、多对一、多对多等，传播方式的多样化，使得传统的信息发布者和受众之间的界限变得模糊，两者的身份既可以转换又可以叠加，还可以彼此互动。

（5）碎片化。新媒体时代信息本身就呈现"碎片化"特征，这种"碎片化"既有表达方式的碎片化，又有时间被割裂后导致的碎片化，还有因为新信息和旧信息交替换代形成的碎片化。新媒体传播形态的极度细分化和碎片化，加大了媒体传播的难度。网络就像一个浩瀚的信息海洋，门户网站、博客、贴吧、微博、微信、手机 App 等各类新媒体就像一个个信息岛，面对这样庞大的信息处理场，如何精准地对媒体进行把控，如何对自己的产品和服务乃至企业本身进行整合营销，都是企业必须面对的挑战。

（6）融合性。尽管新媒体时代是大势所趋，但是新旧媒体还存在着相互依赖的关系，新旧媒体还是相互依存，互为补充。电视、报纸、杂志和广播这样的传统媒体依然在社会上发挥着巨大的影响力，而这些传统媒体也在进行自我进化，比如网络电视、电子杂志、电子报就是它们向新媒体进化和渗透的结果。所以从宏观上看，新媒体广告和旧媒体广告还是相互依存，共同存在于人们的生活中；从微观上看，这种融合性还体现为新媒体广告集图文音像各形式于一体的融合特征上。

（7）软性沟通。这是新媒体引发的传播沟通方式变革。这不仅表现在企业更加广泛地采取非广告形式，比如企业在网络传播上直接大面积、频繁地投放硬广告会引起受众反感，吃力不讨好，就可以尝试制造一些热点话题或者设置一个病毒式营销点爆网络，如此一来可能会获得意想不到的传播效果。企业的传播方式应该更多地学会"软着陆"，这也是新媒体本身的互动性所要求的，这种"软着陆"方式可以使品牌传播效果最大化，甚至能够实现品牌的网络自传播。

　　2. 新媒体广告的问题

　　在当前，新媒体广告行业呈现出高速发展的势头，但在这种发展态势中，我们也发现新媒体广告存在一些问题。

　　（1）同质化严重。新媒体广告最大的特点就是广告信息发送量大。新媒体广告业主为了将广告信息更加丰富立体地呈现在目标受众的视野里，通常会不遗余力地通过各种形式进行整合发布，比如通过网幅广告、文本链接广告、邮件广告等进行传播，传播时往往过于侧重形式而忽略内容，注重数量而忽视质量，导致广告缺乏创意，内容单调，同质化严重。

　　（2）可信度较低。现在有些新媒体广告，比如像网页上和手机推送的小广告，制作简单，但是内容比较单调乏味，而有些小游戏广告，内容黄色粗暴，容易引起受众的抵触或反感。受众在打开一些门户网站时，有时候会在网页上发现五六个广告，有些弹窗广告让受众应接不暇。各种广告信息纷繁复杂、五花八门，而在这其中有些不乏虚假广告，久而久之，新媒体广告在受众心目中的可信度降低。

　　（3）个性化较弱。当前社会，受众千差万别，主要表现为差异化、对象化、具象化的特征。年龄、性别、学历、身高、收入都成为一个个体区别于其他个体的差异性特征。每一个个体都依照自身的生命体悟对信息进行适合自身诉求的筛选。在这种情况下，我们更需要为每一个千差万别的个体提供符合差异化要求的使用价值和接受价值，让受众更好地和商家实现互动、互惠、互利、互赢。

　　（4）效果难测。限于技术上的壁垒和短板，对于新媒体广告效果的实时汇总分析等涉及第三方监测数据处理的问题，目前尚无更好的解决办法，许多新媒体仍然参照传统媒体走"按展示付费"的老路。就企业自身而言，企业对新媒体广告投放机构是否将他们投入的广告送达到目标消费者、消费者是否看到广告等问题根本无法获得准确答案，而是否提升了品牌知名度、是否促进了产品销售更是无从知晓。

（5）技术制约。新媒体广告对于媒体的依赖特别明显，如果没有网络基础，没有一定的数字技术，新媒体广告的制作及传播就会受到影响，所以一定的技术条件，对于新媒体广告的正常呈现非常重要。这同时也说明新媒体广告的发展将受到技术的制约，并且会随着技术的发展而不断发展。

第12章　新媒体产业及其发展

12.1　新媒体产业的内涵与特征

目前，以互联网、手机、数字电视等为代表的新媒体，已经成为当代媒体的重要组成部分，其在传媒产业中的份额也不断扩大，将其作为载体的各种文化内容也不断涌现，从而刷新、改变着当代文化产业的整体格局。大卫·赫斯蒙德夫（David Hesmondhalgh）在《文化产业》一书中说："在有关文化产业延续与变迁的任何一本书中，新媒体绝不可能是次要部分。"新媒体产业势必成为当代文化产业中不可忽视的重要部分，成为我们不得不予以重点关注的对象。

顾名思义，新媒体产业就是将新型媒体进行相应的产业化，新媒体产业的定义我们也可以尝试从"新媒体"的概念上入手，新媒体产业的内涵就是指：以数字技术、计算机网络技术和移动通信技术等新兴技术为重要依托，以网络媒体、手机媒体、移动电视、楼宇电视等新型媒介为主要载体，通过工业化标准进行物质生产和再生产的部门，以服务普通民众为主要目的的内容提供产业，同时也发展成为文化创意产业的重要组成部分。从概念的外延来看，新媒体产业的范围足够宽泛，我们可以从横向和纵向来划分。

横向来看，根据媒体形态的不同，新媒体产业分为两个部分。第一部分是以网络媒体产业、手机媒体产业及互动性电视媒体产业为代表的新兴媒体产业；第二部分则是以楼宇电视产业、移动电视产业为代表的新兴媒体产业。当然，第一部分的新兴媒体产业能够进一步细分。网络媒体产业包括门户网站产业、搜索引擎产业、网络社区产业等；手机媒体产业可细分为短信产业、彩信产业、彩铃产业、手机出版产业、手机广播产业、手机电视产业等；互动性电视媒体产业又包括数字电视产业和 IPTV 产业。

纵向上，从不同的盈利模式考虑，新媒体产业可划分为新媒体广告产业和内容产业。广告业务是当前传媒行业的基础业务，新媒体产业的广告业务与传统传媒的特征相差无几，向各类大小企业收取广告费用。新媒体之所以新的原因是因为它具有新的媒体形态，具有互动性、个性化等内容特点。新媒体的内容产业盈利模式不同于传统媒体产业，主要是以新媒体为依托，制作、发布优质内容和增值服务，收入是通过优质内容的提供、增值服务的提供等向用户收取费用。其中内容产业占主体，广告产业处于依附地位，随着新媒体产业的不断发展，内容产业的比重还会继续增加。

新媒体产业链中所包括的各类行业和企业的数额巨大，并非单独依靠一个企业能够形成和发展的。海内外众多企业都曾经企图利用自身的发展在全网络上构造整个新媒体平台，希冀把全行业的新媒体利益收入囊中，最后的结果自然是无疾而终，20 世纪 90 年代末期微软的VENUS 计划便是一个典型案例。新媒体行业的发展需要联合全行业的企业形成产业链，单独依靠单个企业的发展是不现实的想法，新媒体内涵和外延的不断扩展，发展了更多的新媒体产业的企业，将资源有效整合，形成成熟的盈利模式，构造新媒体行业独特的价值链条，实现新媒体行业、企业的价值。

文化创意产业的发展离不开新媒体产业的发展，文化创意产业必定有新媒体产业的一席之地。与其他行业产业特征相差无几，新媒体产业囊括了所有其他产业的共同要素和优势。我们在此利用产业经济学的概念进行分析，"产业"在范围上属中级经济学的概念，它指具有某些相同特征或共同属性或生产同一类产品的企业、组织、系统或行业的组合。新媒体产业与其他产业相同，也有经济学特性。

（1）集群性。产业中的唯一企业不能称为产业，按照特定的规则聚集起来的企业和组织，并同处于同一产业链条上的企业相互联系，也就被我们认为是产业。内容的提供商、运营商都是新媒体产业链中的企业。通过利用产业链上的联系，集聚大量的同类型的上下游企业，以此降低全行业成本，促成全行业的规模经济的形成，吸引更多的资源进入到新媒体产业中来。

（2）增值性和循环性。大量同类型的企业聚集在同一产业链条上，将上游的新媒体产业中内容制作方的优质内容和下游新媒体行业中的平台运营、内容传播有效结合，形成一个商业闭环，构成了完整的产业链条。各产业价值链环节进行物质、信息、资金的转换，实现了内容传播的增值，也推动了内容水平的升级，进一步推动新媒体产业的发展。

（3）生产性是新媒体产业的又一特性。大多数的内容产品在新媒体行业中属于无形产品，它通过对思想、文化、意识形态等的整合、加工和重构，衍生出各类无形内容，传递社会的正确价值观，实现内容的增值，为全社会创造价值。新媒体产业不仅具备了产业的普遍特性，同时也包含了自己的特性，依赖自己的特殊属性，新媒体产业能够简单区别于物质生产部门。

新媒体产业与传统媒体产业的明显区别就是媒介融合性。新媒体产业聚合了全行业的明星企业，积极发展时代要求的产品。而新媒体产业的未来发展与产业融合也息息相关，"融合"是新媒体产业与生俱来的特性，也是推动新媒体产业向前发展的中坚力量。区别于传统媒体产业的特点，我们发现新媒体产业的竞争性、变动性是其他行业所无法企及的。

竞争性可以说是任何行业的产业形态特征，同样地适用于新媒体行业，竞争性在新媒体产业的体现就是上下游产业链各类型的新媒体企业之间不断渗透、整合，推动了产业链各环节企业的竞合重组。融合性、竞争性和变动性的相得益彰，相互配合，使新媒体产业形成了自己内在的不稳定性以及与时俱进的变动性。当前来看，变动性还是有良性作用存在的。新媒体行业只有紧紧依靠不断优化、调整的市场策略，才能适应整个行业的产业结构变化，进一步的符合新媒体产业全行业的市场竞争需要。

新媒体产业在表现出强烈的融合性、竞争性、变动性以及不稳定性的同时，我国新媒体产业近期的发展还表现出以下具体特征：

（1）移动互联市场呈现爆炸式增长，各类 APP 产品数量大增：从 2011 年开始，我国移动互联网发展速度惊人，直接表现在用户规模上，PC 端的互联网发展速度明显慢于移动端的互联网发展。智能手机市场的快速发展带动了移动互联网的发展，而移动互联网的进步同时也依赖智能手机上各类应用的出现，满足了大众用户从学习到生活的各类基本需要。智能手机与移动互联网的融合创新是新媒体产业发展的未来，越来越多的企业，正在加大力度投入应用程序的开发，并与运营商达成合作意向，希望成为新媒体行业的引领者。

（2）社交媒体的大繁荣、大发展，进入"交互"大时代：社交媒体的蓬勃发展成为互联网行业新的增长极，更多的人投入更多的时间成本使用社交媒体。在"交互"时代，普通大众都可以成为新闻的制造者、传播者，也获得了相应的话语权，社交网络化也刚好迎合了个人传播的需要。社交网络凭借自身交互性的特征，实现了很高的自由度，新媒体的快速发展有赖于这些，人们不仅仅局限在门户网站的各类信息，开始更多地积极在社交媒体上发表自己的意见和建议。

（3）发展开放平台，坚持走服务创新的道路：新媒体企业不断顺应网络前沿发展的需求，在服务创新上全面发力，不仅在新闻传播上，在视频制作等各方面全面发展，努力构建多种类型服务的便利化平台。厂商将制作出来的丰富内容投放给平台，实现用户方和平台方多方利益的分成，平台中的第三方应用能够实现平台内容的多样性。不仅利用了自身互动性优势，也促进了平台价值升级，进一步地维护了良好的用户关系。

12.2 新媒体与社会文化消费

新媒体时代是一个"去中心时代"。在这种传播环境中，没有中心节点，没有核心媒介，也没有自上而下的传播方式，新媒体实际上是一种互动型、参与型、平等的媒体形式，它摆脱了一点对多点的传统传媒形式。这种传播方式带来了价值观的改变，主要体现在人的自由性、特殊性和分众性，强调个性的张扬，观点的冲突，不调和、不妥协，没有权威，也没有长官意志。新媒体传播时代，信息传播没有永恒的中心，每个个体都可能成为这个时代信息传播的亮点。

新媒体文化的"新兴"关键在于它较之传统文化在传播上更便捷、更交互、更人性化。文化信息在快速便捷的传播过程中，随时夹杂着传播者与受传者的自我意识与个性表达。于是，新媒介文化所营造的自由、平等、个性的文化氛围，打破了文化传播"等级"的限制。

新媒体文化是一种复合文化。新媒体文化的"复合"主要体现为多种文化样式的融合与文化传播功能的多重包容性。新媒体文化样式的多样性发源于其技术的多媒体化。这种多媒体最重要的特征，乃是多媒体在其领域里以各式各样的面貌，容纳绝大多数的文化表现。它们的降临终结了视听媒介与印刷媒介，通俗文化与精英文化，娱乐与信息，教育与宣传之间的分隔甚至是区别。于是，在复合的新媒体文化下，我们可以通过手机来观看电视节目或是读报，发送信息为自己喜欢的"超女"投票；可以通过网络对某一事件发表个人观点，进行人肉搜索，选举网民自己心中的人大代表，或是通过网络视频点播个人喜欢的文娱节目；还可以在数字电视平台上，选择付费电视节目、参与游戏、点播歌舞等。在多重文化样式交互结合时，所谓的大众与精英、文教与娱乐都被置于一个平等的平台上，激烈的争论背后是相互距离的拉近。

新媒体文化是一种大众化背景下的分众文化。国内部分学者认为新媒体文化是大众文化在新媒体领域内的扩张。也有人从新媒体特性出发，提出：它是一种以个人为指向的分众媒体而非大众媒体，传播模式是窄播而非广播。笔者认为，新媒体文化从传受者的角度出发，更应该归于一种大众化背景下的分众文化。

新媒体文化以不同形式表现出来，以下试举数例。

社交网站起源于美国，旨在帮助人们建立社会性网络。它是以六度分割理论为依据的，所谓六度分割理论，简单地说就是你和任何一个陌生人之间所间隔的人不会超过六个，也就是说，最多通过六个人你就能够认识任何一个陌生人，这是哈佛大学的心理学教授斯坦利·米尔格兰姆（Stanley MilGram）所提出的。社交网站正逐渐成为继博客之后一种流行的互联网交往方式，中国的社交网站已经拥有过亿用户，它与博客那种以文会友的方式有所不同，它更接近于现实生活中人们的交往，在人的一生中会遇到很多人，而在同一时段他所接触的人是有限的，对于曾经所认识的朋友没有经常的联系，那么这些人就将成为记忆。而社交网站，恰恰能够弥补这点，但是它是靠一种虚拟方式，一些小型的游戏，文章、照片、视频的互动，利用网络的共时性，给每个社交网的成员造成一种与其他人紧密联系的感觉，而且它不用专注于经营自己的信息记录，在博客中如果缺少吸引人的信息，在这个圈中就会慢慢沉寂，而社交网站通过更简单的方式使人们保持联系，更加符合当下社会的特性。

当然这种虚拟化的生活不可避免地有着局限性。首先表现在对于现实生活动力的削弱上。网络社区的生活归根到底是一种休闲方式，与压力重重的现实生活相比，在这里更容易获得满足，无论是成功感还是关注感，而当过度沉溺于获取这些满足的时候，就可能会削弱人们在现实生活中的动力，成人常常痛心于孩子沉迷网络游戏而荒废学业，但是孩童的这种心理状态并不会随着年龄增长而简单地消除，特别是在巨大的社会压力面前，这种心态会在某一时间或者某种状态下爆发出来，而虚拟的生活成为一种基础和依赖。

微博与手机信息传递具有快速化和简单化特征。微博的内容只是由简单的只言片语组成，从这个角度来说，对用户的技术要求门槛更低，而且在语言的编排组织上，也没有博客那么高，只需要反映自己的心情，不需要长篇大论，更新起来也更为方便，和博客比起来，字数也有所限制。微博的开通使得大量的用户可以通过手机、网络等方式来即时更新自己的个人信息。微博正成为比博客更加受欢迎的信息记录方式，它承载信息的简单性加之手机网络的便携性，使得人们更容易达成不同地域的共时性，这种共时性，不仅可以使人们在平时能够及时了解他人的情况，在特殊时刻或紧急时刻也能使信息更快地传递开去，后者在政府应对特殊事件时会有更重要的意义。

当然微博与手机的这些特点从另一个角度来解读也是它的局限，随着传播技术的发展，人们的阅读习惯逐渐没落，许多学者对此极为关注，在他们的眼中，这种习惯的没落意味着人类思考的肤浅化，而微博是当下成为这种肤浅化的最大担忧。它一方面改变着人们记录信息、传递信息的习惯但同时也削弱着人们认识世界的能力。在一定程度上，信息所蕴含的思想是与其体积成正比的，而更重要的是它形成的时长和深度也是与其体积成正比的。学者们所担忧的肤浅化，并不是单单针对字数上的减少，而是由于字数的限制，使得人们不再需要进行长时间和深入的思考，这将影响人们思维方式的深度和广度。

第 13 章　新媒体运营与管理

13.1　新媒体运营及盈利模式

　　新媒体提供了电视剧和电视综艺新的播出平台，时下许多广电集团的节目除在电视频道播出外，常在集团网站提供视频节目点播服务，或者在电视频道和集团网站同时播出，同时授权视频网站播出，而视频网站的独家播出需要买下网络播出版权，为电视节目的二次创收带来了利润空间，如浙江广电集团的明星秀节目《奔跑吧！兄弟》既在电视频道播出，又通过集团网站新蓝网播出，同时授权视频网站播出，其单期节目信息网络传播权一年授权使用费高达 2 300 万元，产品冠名广告费达到 2.3 亿元。

　　台网联动是剧集市场近年的热门话题，电视剧的版权不仅向电视台出售，而且向在线视频网站出售，市场竞争者增加，电视剧版权价格上扬，促使电视播出平台与网络播出平台携手合作。

　　不仅电视机构的制作内容通过新媒体平台运营推广，新媒体的制作内容如网络综艺和网络剧也进入电视播出平台，新媒体进入内容生产领域，为传统媒体供给内容。观众的另一个称谓是用户。从早期的传统媒体内容的运营平台到新媒体深度介入节目制作和运营，新媒体向上游延伸，已然成为打通内容产业链上下游从投资、制作到发行推广所有环节的内容生产和运营平台。

网络剧的生产常常是传统影视制片机构与在线视频网站联合摄制，视频网站采取明星 IP 制造战略，批量生产现象级的类型片，例如 2017 年阿里文娱旗下的视频网站优酷独家播出的类型片《春风十里，不如你》，优酷是联合出品方之一，聚集了人气和高流量，提升了网络剧的制作水准，赢得了用户口碑。电视剧与网络剧在未来可能没有区分，因为投资方不限于单一制片机构，播出平台也不限于单一平台，播出方式可以是台网同步播出，也可以先台后网，或者反之。内容生产的资本运作方式和平台趋于多元。

新媒体广告是盈利来源之一，随着新媒体形式的创新，新媒体广告投放渠道扩展，如社交媒体、微视频、网络视听节目、网络直播平台等。新媒体通过在网络剧和网络综艺中深度植入广告，进行精准广告推送和个性化营销，新媒体广告市场份额逐渐扩大。如在安徽卫视、江苏卫视和优酷播出的《军师联盟》，优酷播出时采取冠名及赞助、前贴广告、创意中插、压屏条、弹幕广告、前情提要、精彩预告等 7 类大剧营销广告形式，使广告收入节节攀升。

网络综艺在 2017 年异军突起，电视综艺节目如《极限挑战》等内容的影响力依然存在，在线视频网站通过电视综艺的网络播出版权继续吸引流量，同时采用明星策略，开始自制综艺节目。新媒体平台在影视产业制作的话语权逐步增加，成为内容生产的又一个重要来源，产能强大。知名视频网站纷纷加大对网络综艺制作或播出的投资力度。腾讯视频播出音乐节目《明日之子》以及脱口秀节目《脱口秀大会》，优酷出品的知名主持人梁文道的《一千零一夜》以及窦文涛的《圆桌派》、爱奇艺出品并播出马东、蔡康永加盟的《奇葩说》，各类综艺以知名人物为中心，生产了具有强烈个人风格的内容。

　　网络综艺投资的加大，吸引了专业电视制作团队的加盟以及一线电视主持人、明星的加入，制作规格和水准大大提升。2017暑期爱奇艺制作并播出的音乐选秀节目《中国有嘻哈》，制片人是电视节目《中国好声音》的总制片人和《蒙面唱将》总导演。《约吧！大明星》的制片人曾制作过电视热播综艺《爸爸去哪儿》。优酷与银河酷娱出品、快乐全球传媒联合出品的《火星情报局》制作班底部分来自电视综艺《天天向上》。

　　网络综艺从2007年起步，起始阶段制作数量和质量远不敌电视综艺，到如今反转电视综艺市场，不过十多年的历史。网络综艺涌现出一批王牌节目，一些类型的综艺如脱口秀节目在电视平台播出反响平平。而在网络平台上，网络综艺脱口秀节目如《脱口秀大会》热度不减，网络综艺定位群体以年轻网民为主，携带了网络媒体的天然基因，脱口秀节目话语表达更为直接和锐利。

　　新媒体运营盈利方式较为多元，不但与传统媒体合作，制作和播出内容产生盈利，还采取视频付费制度，提供付费收看产品。年轻用户是视频付费的主体，90后和00后的群体对于付费观看的方式较为接受。为付费用户提供更多更优质内容，扩大付费用户规模是当前新媒体运营的主要手段之一。用户付费盈利模式不局限于网络视听市场，网络游戏企业盈利来源之一也是网络玩家充值，以法定货币购买游戏虚拟货币，或购买玩家竞技能力的虚拟道具，或购买增值服务。

　　网络制作节目的播出形式创新，直播曾经是电视吸引观众的有效策略，而网络直播平台的崛起为网络综艺节目提供了平台，如斗鱼直播播出《饭局的诱惑》，综艺节目与用户即时互动的优势更加明显，用户参与度和用户体验不断改善。

　　基于优质内容的衍生品发掘是利润来源之一，新媒体的运作通常建立在前期圈住了大量用户的基础上，对于用户消费习惯和内容偏好有着天然优势，基于用户分析，生成用户画像，采取差异化行销战略，对特定群体进行针对性投资和制作视频内容，满足不同群体的需求。例如，优酷的综艺布局就是以女性和年轻人为主要定位人群。同时，网络零售业以及电子商务平台的成熟也为新媒体内容衍生品的售卖提供了商业基础。因此，新媒体运营通常采取联动运营模式，大力开发成熟 IP 的价值，进行 IP 预售的衍生品生产，例如根据热门网络文学作品投资制作的网络电影《三生三世十里桃花》，优酷与阿里影业、授权宝等联动运营，衍生品收入达 3 亿元人民币。

内容制作与内容播出平台的共生合作关系逐步建立，网络视频播出平台强势延伸到内容生产环节，加强对内容生产的控制，传统制作方一方面加强自身网络平台的建设，另一方面与播出平台深度合作，与视频网站进行版权合作，出售网络播出版权，如优酷与 NBC 环球、索尼影视达成版权战略合作，签下两家电影制作商中国区的最大片库。

13.2 新媒体运营风险

就一种新产品或新工具的创新普及过程而言，报纸普及的时间比广播长，广播普及的时间比电视长，而微博普及时间不超过 3 年，微信普及时间不超过 1 年。新媒体产品创新扩散速度加快的另一面是新媒体产品衰落速度加快，或者说，产品升级换代，推陈出新速度大大加快。在互联网产品创新过程中，短信、彩信、手机报、博客等一时被认可和看好的产品不过数年间就被新的产品如微博和微信、新闻 App 所取代。这也是技术革命带来的必然后果。

新媒体运营存在较大的投资风险，技术创新需要巨额投入，例如时下热门的网络综艺和网络剧，其拍摄、取景、参演阵容等制作要素若要达到电影级别的水准，意味着高额的投资成本，而技术创新的产品首先是需要一定的开发周期，而盈利的实现也需要时间，前期投入的成本需要一定的市场运营周期才能收回，但是产品推陈出新的速度可能远远超出产品成本回收的速度。新媒体产品市场周期较传统媒体产品大大缩短，现在社交媒体如微博与微信，看似热门，其未来也不一定能持续存在。

同时，由于新媒体产品普及速度大大加快，对网络服务提供商的运营形成很大考验，这一压力传导到企业里，最常见的表现就是时下国内绝大部分互联网企业的程序员工作压力陡增，加班加点是家常便饭。网易为与腾讯抢占手机用户，竞争手机游戏市场，《终结者2》开发团队短期工作强度增加。而这类网络游戏热度的持续时间也不能像经典电脑游戏如《传奇》《魔兽世界》一样，长期保持在一个稳定水平。

新媒体的出现基于其分众以及对用户个性需求的满足，曾经被认为能带来长尾效应，但无论是 IP 还是知识付费市场或是网络视听产品市场，无一不证明内容和明星的号召力，新媒体产品不但没有实现长尾效应，而且带来了更大的马太效应。热门的内容和产品更热门，而不受市场追逐的产品更加没有市场。

13.3　新媒体的管理

新媒体的管理可以通过法律、政策、约定、行业自律、道德、习惯、风俗等手段来实现。其中，法制和政策约束是实现新媒体管理的有效手段，很明显，政府管控无论是法律或是政策，不能解决所有新媒体发展带来的问题，法律法规主要是通过调节新媒体运营来实现，政府机构对于新媒体的管制首先是政策引导，目的是规范行业发展，促进行业进步，具体如立法或颁布法规条例、出台具体有针对性的指导政策；通过技术层面对内容或信号进行过滤和屏蔽以实现对新媒体的监管；倡导行业自律，通过社会大众和舆论监督实现对新媒体的控制。

2004 年，信息产业部出台《关于规范短信服务有关问题的通知》；2006 年 7 月实施《信息网络传播权保护条例》；2008 年出台《电子出版物出版管理规定》；2016 出台《互联网信息服务管理办法》《互联网文化管理暂行规定》《网络游戏管理暂行办法》；2017 年上半年，国家互联网信息办公室出台《互联网新闻信息服务许可管理实施细则》。

新媒体的飞速发展领先于具体指导政策的出台，不少政策出台是为了指导和规范新媒体发展过程中的乱象，电视剧常在电视台黄金时间段播出，电视台播出时可能根据情况剪辑，内容有删节，而在线视频网站常通过播出完整的内容以吸引用户。综艺节目在电视平台的播出，受到综艺节目播出时长的限制。2017 年 6 月，广电总局出台《关于进一步加强网络视听节目创作播出管理的通知》，对网络与电视作为传播渠道，在播出上对同一传播内容而版本不同的现状，界定了网络视听节目的审查标准，要求网络平台不得传播电视综艺或电视剧的完整版、未删减版，要求未通过审查的电视剧、电影，不得作为网络剧、网络电影上网播出，电视不能播出的内容，网络同样不得播出。实际是实现对网络平台和电视平台内容的统一监管。

我国政府始终关注新媒体市场的发展，出台有指导性的政策，例如网络直播平台走红后，政府机构的监管首先依据早期出台的《互联网文化管理暂行规定》，规定全国网络表演市场的监督管理机构是文化部，由文化部组织对网络表演经营单位的随机抽检和信用监管，并根据查处情况，实施警示名单和黑名单等信用管理制度。及时公布查处结果，主动接受社会监督。对于从事网络表演的运营机构，实施市场准入审查，要求网络表演经营活动须获得许可证，按许可证范围从事经营活动，要求网络直播平台应当向省级文化行政部门申请取得有编号的《网络文化经营许可证》，以表示具备一定资质。

对网络直播平台的监管，重要问题是对网络信息内容和信息产品内容的监管，因此政府机构要求表演信息内容标注经营机构标识。对于网络直播的监管，强化了经营单位内部的自律和监管制度。不仅要求相关经营单位建立巡查制度，实时监控，而且要求对表演视频信息产品记录并保存，保存期限不得少于 60 天。对于用户供给的非实时的视频信息产品，严格审核。网络表演经营单位应当建立突发事件应急处置机制。

发现违规内容，立即停止播出，并报告本单位注册地或者实际经营地省级文化行政部门或文化市场综合执法机构。网络直播平台应定期报送自审信息。网络平台直播介绍相关网络游戏的游戏技法，必须是取得相关机构内容审查备案编号或批准文号的网络游戏，网络表演拍摄方式正当，不应侵犯他人合法权益，表演内容应向上向真，不得有恐怖暴力低俗内容。

除了依据法律法规之外，还要求网络直播平台对内容自审自查，在播出前进行内容审核管理，配备审核人员，实施技术监控，建立健全内容审核管理制度。不符合内容自查和审查的网络表演产品，不能传播。

对网络表演人员的管理，要求表演人员实名制，并要求表演机构核实其身份，并保护其身份信息，要求表演者承诺遵守法律法规和相关管理规定，对境外或国外表演人员和表演机构，必须提前经过文化部核准。同时，信息内容监管涉及对未成年人的保护，要求直播内容不得侵犯未成年人的权益，有益于未成年人身心健康。网络表演经营机构应当完善和保护用户信息，加强对用户的监管约束，发现用户发布违法信息的，应当立即停止为其提供服务，保存有关记录并向有关部门报告。此外，在监管策略上充分重视网民和社会监督，要求网络表演运营机构主动接受监督，设置专人负责举报受理，在网站首页等显著位置，设立"12318"全国文化市场举报网站的超链接。

对公共利益的保护也是政府政策的必然导向，对网络游戏的监管，采取政府管制、游戏行业自律、社会监督、技术限制等手段实现对网络游戏市场的管理，保护用户的利益和社会公共利益。网络游戏与网络成瘾、网络依赖症相联系，2016年，文化部出台《文化部关于规范网络游戏运营加强事中事后监管工作的通知》，明确了网络游戏的运营范围，解释了经营单位之间的联合运营行为，指出网络游戏运营是网络游戏运营企业以开放网络游戏用户注册或者提供网络游戏下载等方式向公众提供网络游戏产品和服务，并通过向网络游戏用户收费或者以电子商务、广告、赞助等方式获取利益的行为。为保护游戏消费者的权益，包括保护玩家个人隐私以及保障玩家权益，规定对经审核真实的实名注册用户，在玩家合法权益受到挑战时，网络游戏经营单位负有向其依法举证的责任。规定网络游戏运营机构采取有效措施保护用户个人信息，防止用户个人信息泄露、损毁，未经授权不得将用户信息以任何方式向第三方企业或者个人提供。对网络游戏运营的事中和事后监管的力度，建立违法违规网络游戏的警示名单，加强对网络游戏经营单位和相关责任人的信用约束。

政府立法对新媒体业的监管一般从两个方面入手：一方面是事前限制，包括许可证制度和内容审查制度，规范新媒体传播内容和传播平台；另一方面是事中抽检和事后监管，事后监管如事后违规惩罚，如果在对已经传播的内容和渠道的审查过程中，发现违反法律法规，不合规或侵犯用户权益的内容，对网络经营单位应进行惩罚。如果缺乏有针对性的法律法规，则新媒体的规范发展失去基础，新媒体是信息供给产业，与信息和知识紧密关联的版权保护及业务纠纷越来越引起社会各界的关注。

第 14 章　新媒体新闻与舆论

新媒体新闻，目前尚未有专门的概念，我们顾名思义，将其理解为发布在新媒体上的新闻。随着新媒体的出现与发展，新媒体新闻也跃入人们的视线，并呈现出独特的特点与问题。

新媒体舆论，在广义上看，是指在新媒体平台上传播的舆论。从狭义上看，是指网络舆论，即社会公众以网络为传播平台，对其所关注的某一现实问题所发表的一致性意见。

面对新媒体新闻、舆论中的问题，如何优化新媒体传播，做好新闻传播，引导社会舆论，这是崭新的课题。

14.1　新媒体新闻

随着网络、手机等新媒体的发展，人类进入了信息传播的新时代，社会对新闻信息的需求不断增长，新媒体新闻呈现出了和传统媒体新闻不一样的面貌。

1. 新媒体新闻的特点

（1）多媒体性。传统媒体主要是进行文字、图片等方面的传播，而新媒体是进行文字、图片、声音、图像等方面的传播，而且打破了媒体与媒体之间的壁垒，消除了图文音像各传播符号的界限，使新闻的表现形式趋于多样化。随着新媒体融合技术的发展，新媒体新闻的传播手段更加多样，多媒体的属性更加明显，更能让受众享受视听的饕餮盛宴。

（2）互动性。报纸、广播、电视等传统媒体往往是单向传播，将新闻信息硬"推"给受众，而在新媒体上，受众可以按自己意愿进行选择，"拉"出所需新闻信息，这种新媒体新闻传播彻底改变了传受双方的关系。这种传播更加注重与受众的互动性，受众可以通过一定的方式，寻找自己感兴趣的新闻内容。

（3）海量性。手机、网络等新媒体信息量大，内容具有海量性。互联网将全世界的计算机连为一体，构建了一个巨大无比的在线数据库，人们登录网络，几乎可以了解到全世界的新闻信息。另外，新媒体由于其互动性，为受众提供了许多发布新闻信息的机会，在新媒体信息传播中，传播主体多元化，"人人皆为信息源"，新媒体构建了社会化新闻信息的交流平台，网络信息如江河入海，海量无限，生生不息。

（4）开放性。新媒体的出现为人类的信息传播带来了划时代的变革。人类可以通过新媒体跨越族群、地域和文化，进行新闻信息的自由传播和交流。人类还可以在新媒体上，不受时空限制，同在线的任何人进行新闻信息交流、聊天通话、视频播放、文字谈话、群体讨论等等，方式不限。新媒体没有时空的限制，实现新闻信息的 24 小时发布，这也让新闻传播更加具有时效性，并实现社会公众开放式的参与。

（5）个性化。随着新媒体技术的发展，新媒体的传播内容越来越个性化，大众媒体也正由"一对多"模式向"多对多"模式和"一对一"的模式发展。现今的新媒体可以实现向特定的某个人推送新闻信息，这意味着，在新媒体平台，用户逐渐掌握主导权，不仅能自主地发送信息，还可以根据自己的个性化需要来获取新闻资讯。

（6）快捷性。快速及时，同步传播。新媒体由于技术的进步，信息瞬间可达世界任何角落。而且，新媒体新闻在操作上没有传统媒体的截稿线，新闻稿件的发送具有即时性，24 小时"全天候"发布。受众只要联网就可在新媒体平台上接收新闻，第一时间同步知晓所发生的一切新闻事件。

（7）超文本。随着数字技术向新闻媒体的渗入，区别于传统按照线性方式编排的新闻文本，以非线性"超文本"形态呈现的新闻越来越流行和普及。这种超文本性，使得新媒体新闻的检索系统变得异常强大，用户可以根据不同查询条件进行检索，还可通过超链接功能，浏览到融合文字、图片、图表、音频、视频、动画等多种形态于一体的新闻。

2. 新媒体新闻的问题

在全新的新媒体时代，新媒体新闻正在影响着整个社会。除了具备以上一些特点，它还存在一些问题。

（1）不良信息泛滥。新媒体新闻的全新传播模式带来的一个大问题就是不良信息在新媒体上的泛滥。由于新闻传播主体的演变、把关力量的薄弱等，大量不良信息正充斥着新媒体平台。这些信息主要有垃圾邮件、失实信息、过时信息、有害信息等等。据某项调查统计显示，我国网民每年接收电子邮件约为 500 亿封，其中垃圾邮件竟占 300 亿封，占60％。垃圾邮件对电信安全、用户的利益都造成了巨大影响，垃圾邮件散播的各种虚假信息和有害信息，对人们尤其是青少年身心造成了严重的伤害。

（2）侵权现象猖獗。近年来，在新媒体平台上，侵权盗版现象十分严重，主要表现为一些网站未经授权或未支付费用，就转载其他媒体的新闻报道。网络博客等新媒体平台也成为网络侵权的重灾区，一些不良媒体未经同意，擅自使用他人的文字、图片，殊不知社会公民在博客上发表的个人文字、拍摄的照片等都拥有知识产权，应当受到法律的保护。以赢利为目的的网站，如果未经本人授权，擅自使用他人的照片、文字，属于知识侵权行为。

（3）信息筛选困难。在传统媒体时代，只有新闻机构才能发布新闻信息。而如今新媒体信息发布门槛降低，任何人都可以成为发布者，信息源实现多元化，传播模式呈现崭新的面貌，但同时也带来了一些问题，比如每个人的立场和水平不一，发布的信息良莠不齐，真假难辨，这使得人们对于新媒体的信息鉴别难度增大，如何甄别虚假信息，处理不利信息，变得非常棘手。

（4）接收形式受限。新媒体的新闻传播虽然具有许多优势，但是，它有一个很大的弱点，就是人们必须借助新媒体才能实现阅读，所以并不是任何人都能够拥有新媒体接收技术或者适合进行新媒体信息接收，老人和小孩往往会受到限制，这就影响了新闻传播对象的广泛性和普及性。另外，随着新媒体技术的不断更新和发展，社会公众的技术素养将面临挑战。

14.2　新媒体舆论

新媒体舆论作为社会舆论的主要形态，在政治、经济、文化等领域都发挥着举足轻重的作用。新媒体所具有的开放、互动、个性、快捷等特性，使得新媒体舆论呈现出异于传统舆论的一些特征与问题。

1. 新媒体舆论的特点

（1）自发性。在新媒体时代，由于手机、网络等传播媒介较易获得，传播环境较以往更为自由、开放，所以人们可以在媒体上发表个人意见，或者对于媒体上的舆论发表看法。这种自发性的发表意见的行为在新媒体时代越来越常见。由于新媒体传播具有高效、快捷等特性，所以人们的个人意见，在某些时候会产生聚合、放大效应，进而在短时间内迅速演化成为公众议题和社会议题。

（2）延展性。互联网技术为社会舆论的传播提供了无限延展的可能。新媒体具有强大的功能，能够实现跨时空的传播，在信息发布的空间上能够形成延展性，所以网民在某个空间发表的舆论，或许在短时间内就可以向更广阔的范围传播，覆盖到更广大的社会空间，某些局部的群体舆论会迅速上升为地区性舆论、全国性舆论，乃至世界性舆论。

（3）即时性。在报纸、杂志等传统媒介中，媒介的议程对社会舆论的引发往往需要一段较长的时间。但是在手机、网络等新媒体传播中，舆论的形成周期大大缩短。由于新媒体信息发布的即时性、更新的快速性，以及信息的交互性，新媒体的这些特性，使得信息的关注速度、更新速度、交流反馈等方面，都比传统的信息传播更为便捷。

（4）多元性。新媒体由于自由、开放、交互等特性，使得社会公众拥有平等的意见表达权利和渠道。而当公众参与到这个开放、平等的言论平台时，不同的信息发布主体往往有着不同的身份地位和利益诉求，他们关注的焦点、议论的角度必然会有所不同，这时新媒体成为"意见的自由市场"，新媒体舆论呈现出了多元化的特性。

（5）批判性。新媒体由于交互性，传受双方平等沟通，由于新媒体的开放性，新媒体成了开放的意见交流平台。所以人们可以在新媒体上发表意见，不同的主体有着不同利益主体，不可避免会有矛盾和冲突。新媒体成为宣泄不满情绪、批判社会不公现象的最佳场所。

（6）互动性。新媒体的出现，改变了信息反馈不及时的局面，从而使传统的单向性传播向双向互动式传播方式改变。在信息的双向流动过程中，传受主体可以随时改变身份，使得信息传播平等化。新媒体的这种交互性，使得新媒体舆论也具有互动性。由于反馈的及时性，网民个体的信息传播也会逐渐形成反应堆，造成强大的社会舆论。

（7）匿名性。在传统媒体中，传播者表达意见的方式往往是公开透明的，这使他们不得不受到各方面的制约，无法表达自身的真正意愿。然而在新媒体中，用户是在一个虚拟的空间进行信息传播，而且每个人的传播权都是平等的，用户在传播信息的过程中可以抛弃自己原有的身份，用匿名的形式进行意愿的表达。

（8）碎片化。当大量信息经新媒体传递到网民面前，网友无法同时消化所有信息时，他们只能选择自己喜欢的信息进行译码与解码。按照网民对某些信息的准关注度，新媒体舆论也不断被分化，从而出现了"碎片化"的趋势。当某一重大事件出现时，根据网民的关注度，各类新媒体都对该事件进行充分报道，一段时间内，有关该事件的信息充斥于各类媒体，使得其他方面的信息被淡化。

2. 新媒体舆论的问题

（1）舆论难控。这种难控性主要表现在对新媒体中信息流量、流向的控制，以及对网民情绪的调控。由于新媒体的匿名性、开放性等特征，有人会把新媒体作为发泄情绪的途径，形成一种情绪性舆论。新媒体上非理性、消极性的信息传播，使新媒体舆论逐渐走向"群体化"倾向从而导致网络暴力。网民间恶言相向、毁谤中伤等"谩骂"和"拍砖"现象成为网络言论的常态。新媒体舆论对其意见表达的失控经常表现出一种"集体无意识"。

（2）信息同质。由于碎片化阅读方式的产生，使得用户只关注自己喜欢的领域而忽略了其他领域的信息，新媒体按照客户的需求进行推送信息，这种形式带来了新媒体舆论同质化的产生。这种同质化使新媒体传递的信息过于单一，通过长期的信息培养将导致网民对某些群体产生刻板印象从而产生首因效应。刻板印象是指人们对某些人或事物的特定看法。这种特定的看法将会形成固定认知从而产生特定的行为。由于信息传递的同质化，当人们遇到某些人或事的时候就会首先对其产生某些情绪或评价，这就是所谓的首因效应。首因效应的不断扩大就会造成网络暴力，甚至造成法律纠纷。

（3）用语失范。在新媒体平台上，攻击和谩骂俨然成为一种常见现象。论坛里，对信息传播的主角或者特定的当事人、单位进行辱骂的现象司空见惯，也包括利用博客进行辱骂的。青少年群体往往好奇心重，对新鲜事物容易迅速接受并逐渐培养成习惯。而且这一群体在没有完全社会化之前，心智并未成熟，对于网络中的是非缺乏明确的判断能力，很容易对自身的价值观产生负面影响。

（4）信息失实。由于新媒体把关机制欠缺，导致有些不法分子利用新媒体进行虚假信息的传播，造成了网络社区甚至现实社会的恐慌。虚假信息即谣言，有人类历史以来，就有了谣言。经过时间的不断演变及沉淀，谣言已经等同于诽谤、欺诈之意。随着信息技术的不断发展，科技改变了整个社会的运行方式，人类之间的交流也出现了新的形式。原来建立在人际传播上的谣言，其传播形式也随之多变，出现了（手机）微博谣言等网络谣言形式。

（5）侵权频发。新媒体舆论中的侵权事件主要包括侵犯名誉权、人身权、隐私权、著作权、肖像权等。在网上未经同意公布当事人的姓名、电话、地址等个人信息，如一些明星的电话、地址大公开，干扰了当事人的生活安宁并侵犯了其隐私权。在网络上随便公布他人照片，甚至进行恶搞，侵犯了他人的肖像权。随意转载他人著作的更是随处可见。

14.3　新媒体传播的发展策略

当前，新媒体的价值正在不断彰显，如何发挥新媒体的长处，来开展新媒体传播，已经成为一个国际性的研究课题。另外，新媒体新闻、舆论等传播领域还存在诸多问题，今后又该如何优化并改进呢？

1. 加强新媒体的监管

随着社会的发展，新媒体传播已作为一种全新的传播形式得到了广泛的认可和推广。但是，新媒体传播还存在诸多不足，比如在传播内容上还需要把关，在舆论上还需要引导。另外，新媒体传播的最主要对象就是年轻人。但是年轻人有时候心智还不是很成熟，这就需要我们对其加以科学而巧妙的引导。

除了内容上的把关、对象上的引导，我们还应作好传播主体素质的培养。作为新媒体机构的核心人物，新闻从业人员所具备的素质应该是全方位的。我们应该从源头上对其业务素质与能力进行综合的评估与考核。但是新媒体时代人人都是媒体人，所以提高社会成员的媒体素养、技术素养，也是当务之急。

另外，在传播环境上，我们应营造一个良好的政策环境。我们可以通过政策的引导、法律的约束，来进一步规范新媒体的传播。如国家根据当前我国新媒体的现状，通过立法的方式来不断地完善具体法规以及违反法规所需要付出的代价。

2. 做好新媒体的安全

根据某机构关于新媒体时代下新闻传播的问卷调查中，有接近85％的用户选择了认可和选择用网络来完成新闻资讯的分享与传播。可是，在关于网上传播过程当中，最大的担忧是什么，有近90％的人提出的是互联网操作及个人隐私的安全问题。

这种安全性的不足，在一定程度上会影响新媒体传播水平的提升。所以我们应该做好新媒体安全工作。我们要对在新媒体传播出现的影响秩序的行为予以严厉的打击。我们还应对新闻参与主体资质加强审核与监管。我们应该根据网络个体在新闻传播中的具体表现来进行合理的引导。另外，我们应该充分发挥法律在教育层面的价值和意义，使新媒体新闻得以安全传播。

3. 加大新媒体的扶持

当前，新媒体正处于快速发展中，相较欧美等网络发展比较早的国家，我国的新媒体发展还存在着很大的提升空间。在新媒体的基本载体方面，通过加大投资及政策扶持，为大众参与网络平台提供更为扎实的条件和基础。在技术层面上，也可以做出一定的探索，比如，可以借助最新的电子技术手段把新媒体传播的整个过程，借助一系列配套的监控网络来完成。

另外，要重视提高信息发布者的社会责任感，使他们能真正地意识到，不良的传播内容会严重危害公众的发展。新媒体传播是一个庞大的系统，每个人都应为社会的发展做出一份贡献，积极地服务社会，只有这样，社会的发展才会呈现出更加和谐向上的面貌。

第 15 章　新媒体法规和版权保护

15.1　新媒体立法的意义

互联网是推动一国经济社会发展的重要力量。新媒体对于社会、国家和市场的重要性无须质疑，新媒体的政治、经济和市场价值促使政府机构加强了对于新媒体的监管和规制。无论是发达国家还是发展中国家，不管立法的精神和出发点有什么不同，都设立了新媒体内容审查和监管的相关法规或机构，以促进互联网行业持续稳健发展。

我国网民规模历经多年增长，增幅趋于稳定，数字产业与其他产业高度融合，引领国家消费模式创新，智慧政务、共享出行、移动支付等互联网应用迅速风靡，给民众日常生活带来了便利，增进了社会福祉，也提高了国家的竞争优势。

与我国互联网业的高速成长相伴随的，是政府机构的行业监管体系逐渐建立。新媒体各类应用风靡的同时，网络不良信息监管、网络著作权的保护、网络隐私权的保护、网络商标权的保护等各类涉及公民和机构权利的保护受到重视，互联网相关行业监管体系也逐步完善。

网络平台提供信息和娱乐内容，满足大众的信息需求和精神需求，丰富人民群众的文化娱乐活动，仍然属于内容平台，在扩大和引导文化消费等方面发挥了积极作用。网络经营单位应遵守宪法和有关法律法规，坚持为人民服务、为社会主义服务的方向，坚持社会主义先进文化的前进方向，自觉弘扬社会主义核心价值观。新媒体的传播形式推陈出新，从博客到微博，从网络聊天室到微信，从视频应用到网络视频知名网站的建立，网络直播、网络剧、网络综艺、手机网游等新的传播形态层出不穷。我国新媒体法规立法表现出与时俱进的特点，紧跟新媒体技术和形态的发展。例如近年网络直播平台走红，伴随着内容不良的倾向，为扼制这一倾向，2016 年 12 月，文化部迅速反应，依据《互联网信息服务管理办法》《互联网文化管理暂行规定》等有关法律法规，下达《网络表演经营活动管理办法》。我国政府通过对新媒体的立法，对网络传播的信息内容提出规范化管理要求，要求网站、应用程序、即时通信工具、微博、直播等提供内容健康、有益于弘扬社会主义核心价值观的高品质的信息内容。加强对网络表演经营活动的管理，引导网络经营企业依据法律法规展开经营活动，这对促进我国网络文化繁荣具有积极的意义。

15.2　新媒体传播失范

传播技术革命推动新媒体传播形态和传播格局不断改变，也给新媒体的管理带来了巨大挑战。网络信息传播质量良莠不齐，虚假信息泛滥，对公民的媒介素养提出了更高的要求。新媒体的虚拟特点和用户的匿名特征，给网络传谣提供了基础。网络暴力如网络人肉搜索也涉及对于公民个人隐私权的侵犯。

我国网络游戏是重要的娱乐产业，网络游戏营收是互联网公司的重要利润来源。网络游戏的市场空间巨大，而对网络游戏的过度依赖导致的网络游戏成瘾以及网络游戏的暴力内容带来的玩家对于网络游戏暴力内容和手段的模仿无疑是负面的。在网易、腾讯等知名互联网企业对本土网络游戏加大研发力度的同时，网络游戏经营单位运营责任不清晰、诱导消费、用户权益保护不力等问题频发。网络游戏版权保护和侵权诉讼也日益受到公众关注。

就版权保护而言，相较于传统媒体，新媒体批量复制的便利和网络资源的海量，借助超链接和数字设备，更容易发生侵犯著作人权益的现象。作品著作权所有人维权成本高，而侵权成本低。维权的高成本与侵权的低成本相互作用，催生了作者、表演者、创作者信息网络传播权屡屡被侵犯的现象。

互联网公司运营模式强调流量和用户规模，在其产品运营的起步阶段，为增强用户黏性，扩大市场规模，通常不计成本，跑马圈地，供用户无偿使用。而且互联网的早期产品如邮箱、聊天软件一般为免费提供，也培养了互联网用户无偿使用信息和服务的习惯，客观上不利于原创作品的版权保护。此外，对版权的保护首先是对著作者、创作者的作者身份权的保护。在移动互联环境下，用户与受众概念融合，信息传播的发起方即传播者与信息的接收方即受众的界线模糊。网络信息内容如视频内容除了专业视频网站生产内容外，还包括用户生产内容。而用户自生成内容，个体用户自发上传视音频作品，使得信息的消费者同时也是信息的创作者和使用者以及传播者，多个用户对自生产内容的网络传播使得信息网络传播权利的保障更加复杂，界定著作权人的身份并不容易。

15.3 新媒体法规与版权保护

对于信息的流通和表达的自由，1948年《世界人权宣言》提出，"人人有权享有主张和发表意见的自由；此项权利包括通过任何媒体和不论国界寻求、接受、传递各项消息和思想的自由，"我国《宪法》规定公民有言论、出版、集会、结社、游行、示威的自由。关于著作权相关的国际条约如欧洲国家的《伯尔尼保护文学和艺术作品公约》，历经多次修正。我国参加了这一公约。

我国于 1991 年实施《著作权法》，之后为应对加入世贸组织后可能的挑战，加强了对知识产权的保护，于 2001 年进行了修正，2001 年修订的《著作权法》规定了信息网络传播权。2010 年又进行了第二次修正。《著作权法》遵循《伯尔尼公约》的版权自动保护准则，实施版权自愿登记制度。《著作权法》是关于版权保护的法律，对于计算机软件保护和网络信息权的保护办法，国务院另行做出了规定。

根据《著作权法》，1991 年国务院出台了《著作权法实施条例》，这一条例于 2002 年和 2013 年分别修订。1991 年出台《计算机软件保护条例》，2002 年、2011 年、2013 年分别修订。2005 年，国家版权局、信息产业部出台《互联网著作权行政保护办法》。2006 年出台《信息网络传播权保护条例》，2013 年进行修订。为实施国际著作权条约，为保护外国作品著作权人的合法权益，国家版权局于 1992 年出台了《实施国际著作权条约的规定》。为规范著作权集体管理活动，2005 年国务院施行了《著作权集体管理条例》。

《著作权法》规定，著作权即为版权，其中，第九条界定了著作权人和著作权范围，著作权人包括公民、法人或者其他组织。著作权的范围包括人身权和财产权，具体包括发表权、署名权、修改权、保护作品完整权、复制权、发行权、出租权、展览权、表演权、放映权、广播权、信息网络传播权、摄制权、改编权、翻译权、汇编权等 16 项权利及应当由著作权人享有的其他权利。第四十二条规定了著作权的保护期限，即录音录像制作者对其制作的录音录像制品，享有许可他人复制、发行、出租、通过信息网络向公众传播并获得报酬的权利；权利的保护期为五十年。

国务院出台的《信息网络传播权保护条例》经过 2013 年修订，该条例根据《著作权法》制定。其中，第六条列举了使用信息网络上的他人作品，不必支付报酬的若干情形，例如"为学校课堂教学或者科学研究，向少数教学、科研人员提供少量已经发表的作品""向公众提供在信息网络上已经发表的关于政治、经济问题的时事性文章"等具体情况，多数情形是出于公共利益保护的考量。

其中第十四条规定：对提供信息存储空间或者提供搜索、链接服务的网络服务提供者，权利人认为其服务所涉及的作品、表演、录音录像制品，侵犯自己的信息网络传播权或者被删除、改变了自己的权利管理电子信息的，可以向该网络服务提供者提交书面通知，要求网络服务提供者删除该作品、表演、录音录像制品，或者断开与该作品、表演、录音录像制品的链接。

第十五条规定：网络服务提供者接到权利人的通知书后，应当立即删除涉嫌侵权的作品、表演、录音录像制品，或者断开与涉嫌侵权的作品、表演、录音录像制品的链接，并同时将通知书转送提供作品、表演、录音录像制品的服务对象；服务对象网络地址不明、无法转送的，应当将通知书的内容同时在信息网络上公告。

第二十二条为网络服务提供商免责提供了法律解释的基础，条文为：网络服务提供者为服务对象提供信息存储空间，供服务对象通过信息网络向公众提供作品、表演、录音录像制品，并具备下列条件的，不承担赔偿责任：①明确标示该信息存储空间是为服务对象所提供，并公开网络服务提供者的名称、联系人、网络地址；②未改变服务对象所提供的作品、表演、录音录像制品；③不知道也没有合理的理由应当知道服务对象提供的作品、表演、录音录像制品侵权；④未从服务对象提供作品、表演、录音录像制品中直接获得经济利益；⑤在接到权利人的通知书后，根据本条例规定删除权利人认为侵权的作品、表演、录音录像制品。

按照《著作权法》对于信息网络传播权的界定，该项权利是以有线或者无线方式向公众提供作品，使公众可以在其个人选定的时间和地点获得作品的权利。与信息技术和互联网信息网络传播相关的版权纠纷案数量增加，网络知识产权纠纷的司法实践受到法学界和互联网业界的普遍关注。

网络侵权方式多样且相对隐蔽，版权保护面临很多风险，网络著作权保护涉及侵权行为的发生地点，如通过互联网交易平台出售盗版影视光碟和盗版软件，其侵权地可以多次转移，又如在 App 上向用户收取费用，提供未取得著作权人授权许可使用的影视作品，如果不是用户量大的 App 应用，也难以被发现。

内容在云端，版权保护在云计算和大数据时代，面临困境。新媒体背景下，文字内容、录影录像制品、表演作品等均以数字化的方式出版和发行，且网络出版和网络发行环节密不可分。伴随着网络技术的进步，网络综艺、电视综艺、电视选秀节目的版权，热门文学作品和影视作品等信息网络传播权纠纷不断，有逐年上升的趋势。例如 2017 年北京的首起网络电影著作权侵权案件，著作权人起诉相关影业制作公司和网络视频公司侵犯作者的网络电影的改编权、摄制权及信息网络传播权。在新媒体崛起之前，综艺节目、电视剧许多是由电视台制作，而当下网络剧、网络综艺、网络电影等新现象层出不穷，给司法实践和法院判决带来考验，如 2017 年杭州互联网法院判定浙江广播电视集团起诉咪咕视讯科技有限公司侵犯其产品《奔跑吧兄弟（第三季）》著作权案，判决浙江广播电视集团胜诉，咪咕视讯侵害了涉案作品信息网络传播权。

内容搜索和聚合互联网商业平台如百度文库、百度 MP3、百度云、百度网盘、百度贴吧等提供内容搜索和聚合服务的搜索引擎处于版权纠纷的风口浪尖。不仅综合内容搜索引擎面临版权保护的问题，专业新闻内容搜索如今日头条也面临同样的问题。中国音乐著作权协会、唱片公司等共同起诉搜索引擎百度 MP3 为音乐用户提供无偿使用的下载链接，就是版权人与发布平台的版权纠纷。2012 年北京海淀区人民法院审理的作家联盟起诉百度文库侵权案，虽然作家联盟胜诉，但赔偿金额远小于诉讼请求。2014年中国青年出版社中青文传媒公司起诉百度文库侵权案，在该案审理中，百度提出遵循著作权侵权案的"避风港"原则，但法院审理认为涉案作品属于热门作品，网络服务提供商应掌握相关下载信息数据，判决百度文库对于涉案作品的使用和传播，没有尽到合理的注意义务，没有建立起足够有效的著作权保护机制。2017年国家图书馆出版社就百度网盘用户在百度网盘上储存《民国期刊资料分类汇编·四库全书研究》起诉百度侵权网络传播权案，该案百度胜诉，适用了版权保护的"避风港"原则，网络服务提供商不承担侵权赔偿责任。

我国《信息网络传播权保护条例》对避风港原则做出了相关规定，版权相关权利人如果认为网络服务提供商侵权，可以要求对方删除信息链接和信息内容。如果收到著作权或版权方的权利书面通知书，网络服务提供商应采取移除行为，删除链接，尽合理注意责任。这一条例确立了版权权利人通知网络服务提供商移除的侵权纠纷处理模式。对于内容入口或内容平台与版权方的纠纷，网络服务提供商常以"避风港"原则辩驳，而是否侵权的界定需要考量实际的经营运作，即使定性为侵权，网络侵犯版权的违法收益和版权方的利益损失不容易举证定量，也增加了司法成本。

新兴传播技术和传播形式层出不穷，给版权保护带来空前的挑战，信息产品和娱乐产品的飞速增长导致版权保护困难，版权虽然是法律问题，但从根本上说是商业问题和利益问题，版权保护应以增进社会福祉，促进公共利益和著作权人利益为主要诉求。

第 16 章　新媒体传播技术

　　创造新技术和利用新技术，是人类的本性，也是社会进步的必然。在信息技术产业和计算机网络体技术的双重冲击下，新媒体技术开始慢慢起步。人类的每一次技术进步都会带来巨大变革，并推动着媒体产业的发展。从娱乐传播这个行业的整体发展情况来看，技术始终是推动其发展的基础。

　　自古至今，媒体的每次变化都是以技术的进步和演进为先导，如果没有印刷技术的出现，就没有书籍、报纸和杂志等纸质信息存储传输媒介；如果没有电子技术的发展，就没有无线电、广播和电视等电子媒体；没有计算机技术、现代通信技术以及计算机网络的普及，就更没有新媒体的产生发展和兴起。

　　从技术的角度上看，按照当前的发展阶段的水平，新媒体技术就是以计算机为工具，以现代数字通信为手段，以网络交换为传播形态，以此构成对信息内容进行采集、加工、处理、传输和显示的全过程，并应用于大众传播业的技术。按照美国学者约翰·帕夫利克（John Pavlik）的观点，新媒体技术主要包含采集和生产技术、处理技术、传输技术、存储技术和播放显示技术，涵盖了互联网和移动通信的输入、处理、输出全过程的各项技术。数字娱乐传播技术，作为新媒体技术中与大众日常生活最为贴近的部分，其传输内容以娱乐信息为主，传输面向社会所有人群，也是新媒体技术中用途范围最为广泛的技术。

新媒体技术是以数字技术为核心，通过计算机技术和以网络技术为主的信息通信手段，将抽象的信息转换为易于感知、可管理和便于交互的信息，涉及诸多学科和研究领域的理论、知识、技术与成果，已经广泛应用于信息传播、影视创作、游戏娱乐、广告、出版、网络以及教育、商业、展示等领域，具有巨大的经济增值潜力和社会效益，是一种新兴、交叉和综合的技术。

16.1 新媒体技术的分类

新媒体技术包括数字媒体信息从生成、处理到输出各个环节所涉及的多项技术，大体可以分为以下几类。

1. 信息采集与输出技术

信息采集技术将人类各个感觉器官从自然界中感受到的声音、图像甚至味觉和触觉等以连续形式存在的模拟信息，采用模拟/数字转换器转换为计算机可以识别和记录的数字形式的离散信息，是数字媒体信息处理、存储和输出等后续环节的基础。

信息输出技术为数字媒体内容提供丰富、人性化的交互界面，将计算机描述的抽象数字离散信息，采用数字/模拟转换器转化为可以被人类各个感觉器官易于感知的连续模拟信息，是数字媒体的最终目的和处理交互的重要手段，是与数字媒体信息获取完全相反的信息处理过程。

2. 信息存储技术

来自于自然界中的媒体信息从连续模拟形态转换为离散数字形态后，在方便处理记录的同时也极大地增加了数据量，由于数字信息存储和读取的并发性和实时性，对存储系统的速度、性能以及数据存储的稳定和安全性提出了更高的要求，要综合考虑存储设备容量、速度以及存储策略等因素，以在保证存储数字媒体信息稳定性的同时方便数字媒体信息的管理。目前广泛应用的主要存储技术有磁存储技术、光存储技术和半导体存储技术等。

3. 信息处理技术

信息处理技术可以将数字媒体信息的表现形式和表现内容，根据需要进行转换，主要包括媒体信息数字化技术、数字信息压缩编码技术以及数字媒体信息特征提取、分类与识别技术等。在各种数字媒体信息中，占据大多数数据量并最具代表性的文字、图像、音频以及视频信息的处理技术，是数字信息生成与处理技术的主要内容。

4. 信息传输技术

信息传输技术作为传输数字媒体信息的主要手段，体现了与数字新媒体与传统媒体单一传输渠道相比迥然不同的多渠道传输特征。数字媒体信息传输技术有机融合了计算机网络技术和现代通信技术，将数字信息内容传输给终端，以为用户及受众提供无缝连接的服务。数字媒体信息传输技术主要包括数字通信网技术、计算机网络技术和无线通信技术。其中，IP技术能把计算机网络、广播电视网和电话通信网融合为统一的宽带数字网，各种信息传递方式和网络在数字传播网络内合为一体，是数字媒体信息传输技术的研究热点和发展趋势。

5. 信息管理与安全技术

针对数字媒体信息数据类型繁多和数据量大的特点，结合数字媒体技术与计算机数据库技术、检索技术与信息安全技术而产生的数字媒体数据库，可以高效管理数字媒体信息。与传统的普通数据库相比，数字媒体信息数据库增加了以图文音像为主要类型数字媒体信息的处理和管理功能，并采用了特征识别、基于内容或特征的检索等技术，极大地扩展了存储容量，以满足图文音像数字媒体信息的有序存储和有效管理。数字媒体安全技术建立在数字版权管理技术和数字信息保护技术的基础上，起到安全传输数字媒体信息、知识产权保护和认证等作用，还为数字媒体信息的商业化流通提供了技术基础。

16.2 数字视听技术

数字音频技术是人类最熟悉的传播信息的手段，也是人与人之间交往最便捷的工具。音频信息在以广播和电视为代表的传统媒体时代，就已经是非常重要的媒体类型。在数字新媒体时代，音频仍然保持着重要的地位。

数字音频同样也分为语音和非语音两类。语音以人类语言为基础，具有鲜明字节信息的声音信号，是语言的载体。非语音信号则分为乐音和杂音，乐音指发音物体有规律振动而产生的具有固定音高的音频，可以引起美好的听觉和心理享受；杂音则没有任何规律，不能引起美好的听觉享受。

数字音频利用数字化手段对声音进行录制、存储、编辑、压缩和播放，随着计算机技术、多媒体技术、数字信号处理技术等现代科技的兴起而产生，与模拟音频相比，具有采集便捷、存储便利、传输和再现几乎不存在失真、易于编辑和处理等诸多方面的优点。

音频按来源可以分为自然音频和人工音频两种。自然音频是由自然界中的音源发出的声音，不仅具有强度和音调等属性，更具有强烈的空间感，可以通过混响和回声等反射特性感受到现场的环境结构，可以很容易分辨出音源的方位。人工音频则由于在音频数字化过程中采集信息具有片面性，难免会有所丢失和缺损，从而导致音质下降或者空间感不强等缺陷。为了减少或者避免这种现象的产生，可以根据人耳接收声音的特点，在采集音频时从左右两个方向同时采集音频，从而部分恢复和建立所采集声音的空间感，即对应人耳左右分布的特点，使用立体声系统以双声道或多声道的方法采集声音。音频设备中常用的数字音频标准主要有杜比系列音效系统、DTS 音效系统和 THX 音效系统，如图 16.1 所示。

图 16.1　DTS 和 THX 音效系效标志

计算机音频以计算机为工具，完全由人工通过计算机控制 MIDI 乐器高效率地完成音乐作品的创作与编辑，可以生成自然界中不存在的音频，赋予音频创作以无限空间。

乐器数字接口（Musical Instrument Digital Interface，MIDI）是 20 世纪 80 年代初，由几家主要的电子乐器生产商发起制定的一个通信标准，主要包含计算机音乐生成程序、电子乐谱合成器以及电子乐器和音响等设备交换信息和控制信号等几个子标准。MIDI 通常使用的标志如图 16.2 所示。

图 16.2　MIDI 标志

MIDI 本身不是声音信号，而是音符、控制参数等指令，它指示 MIDI 设备演奏音符和音量控制等行为。MIDI 数据也不是数字音频波形，而是音乐代码或电子乐谱。MIDI 系统实际就是一个作曲、配器、电子模拟的演奏系统。音乐人可以按 MIDI 标准，运用 MIDI 技术用数字音乐数据进行音乐创作，也可以使用 MIDI 设备直接演奏乐曲。配装备了高级 MIDI 软件库的计算机，可以用 MIDI 控制完成包括音乐创作、乐谱打印、节目编排、音乐调整、音响幅度、节奏速度以及各声部之间的协调和混响在内的几乎所有音乐处理功能。

16.3　数字图像技术

图像就是采用各种采集系统获取或由人绘制并能够被人类视觉所感

知的实体，数字图像就是数字化图像实体。与传统娱乐信息一样，视觉信息在数字娱乐传播中仍然占据着最重要的地位。

数字图像是用有限数字数值像素表现的二维平面信息实体，由模拟图像数字化得到，以像素为基本元素，可以用数字计算机或数字电路存储和处理。自然界存在的图像在空间、亮度以及色彩色调上都是以模拟形式连续存在的，所以在进行数字化处理前，要先将模拟图像经采样、量化和编码转换为数字图像。数字图像可以由多种输入设备和技术生成，如数码相机、扫描仪、坐标测量机等等，也可以从非图像数据得到，如数学函数或者三维几何模型等方法。

像素是模拟图像数字化时对连续空间进行离散化所得数字图像的基本元素，每个像素都具有以整数形式表现的行和列的坐标位置和整数灰度值/颜色值，根据像素特性的不同数字图像可以划分为二值图像、灰度/灰阶图像和彩色图像等类型。

分辨率（Resolution），指组成图像的像素密度，以单位长度内像素数量表示，单位一般采用 PPI（Pixels Per Inch），如 300PPI 表示一英寸内有 300 个像素。对几何尺寸相同的一幅图像，组成图的像素数目越多，则图像分辨率越高，图像就越清晰；反之，则图像分辨率越低，图像也就越粗糙。如图 16.3 所示，图 16.3（a）分辨率为 300PPI，图 16.3（b）分辨率只有 100PPI，图 16.3（a）视觉效果明显更好、更清楚和更细腻。

（a）   （b）

图 16.3　同样尺寸但分辨率不同的图像

色彩深度（Depth of Color），又称色彩位数，指储存每个像素色彩所用数值的存储位数，决定彩色图像像素可能的最大色彩数量或者灰度图像像素可能的最大灰度级别。例如，一幅彩色图像的每个像素如果用R、G、B三个分量来表示，每个分量用 8 位来表示，那么一个像素就由 $8 \times 3 = 24$ 位来表示，即像素色彩深度就是 24 位，每个像素可能的色彩就是 $2^{24} = 16\ 777\ 216$ 中的一种。表示一个像素的位数越多，能表达的色彩数量就越多，它的深度就越深，表现的色彩就越细腻，但同时图像占用的存储空间就越大。鉴于人眼分辨的局限性和设备复杂度的限制，一般不追求过高的像素色彩深度，需要在人眼的视觉感知和资源耗费之间达到平衡。

真彩色是指在组成一幅彩色图像每个像素值的基色分量，达到与日常生活经验一致的色彩，每个基色分量直接决定了显示设备的基色强度。伪彩色图像的每个像素的色彩不是由每个基色分量数值直接决定，而是去查找一个显示图像时使用的 R、G、B 强度值，查找得到的数值显示的色彩是真的，但不一定是所描述物体真正的色彩，而有可能以色彩表现图像所描述对象的一些其他数值，如以不同色彩表示不同的温度，称为色温。

16.4　数字视频技术

据统计，目前，视频信息因其最接近人直观感受的不可替代特征，在网络上占据了将近 90% 的流量。数字视频就是以数字形式记录的视频。为了获取数字视频信息，模拟视频信号必须通过模拟/数字转换器来转变为以 0 和 1 表示的数字视频信号，而播放数字视频时则要完成其反过程，即借助数字/模拟转换器将二进制信息解码成模拟信号。

彩色电视信号分为复合视频信号、分量视频信号和分离视频信号三种。复合视频信号又称为全电视信号，将亮度、色差及同步信号融合为一个信号。分量视频信号由表现色彩信息的若干个独立信号组成，表示色彩质量最好，但需要较宽的带宽和同步信号，常用的分量视频信号标准有 RGB、YUV 和 YIQ 等。分离视频信号将亮度分量和色差分量分离后以不同信道分别传输，色彩表现和设备资源消耗均处于前两者中间。视频信号标准也称为电视制式，世界上广泛采用的电视制式有 NTSC、PAL 和 SECAM 制三种，区别主要在于帧频/场频、分辨率、带宽、色彩空间的转换关系。

模拟视频数字化包括色彩空间转换、光栅扫描转换以及分辨率统一等步骤。电视视频信号常用两种方法数字化。一种先把分离复合视频信号中的亮度和色度转换为 YUV 或 YIQ 分量，然后用模拟/数字转换器对应数字化三个分量；另一种先用模拟/数字转换器数字化复合视频信号，然后在数字域中得到 YUV、YIQ 或 RGB 分量数据。

16.5 计算机动画技术

计算机动画指采用图形与图像的处理技术，借助编程或动画制作软件生成一系列的景物画面，当前帧是前一帧的部分修改，采用连续播放存储于连续帧的静止图像的方法产生物体运动的效果。计算机动画中的运动包括景物位置、方向、大小、表面纹理、色彩和形状的变化以及虚拟摄像机的运动。动画的基本原理是利用人眼的视觉暂留特性，连续播放一系列基于时间顺序的静止画面，给视觉造成连续变化的假象。图16.4 中的几个例子，则表示在某段持续时间内看到的所有帧以及帧之间的位置关系。

计算机动画的制作需要软件和硬件协同实现。以计算机硬件为基础，利用动画制作软件，以艺术修养作为指引，以实现各种动画功能和效果。

计算机动画根据动画控制方式可分为实时动画和逐帧动画。实时动画采用算法控制物体的运动，计算机快速处理输入的数据，并在屏幕上实时显示运算结果，一般用于简单动画。逐帧动画按时间顺序显示记录

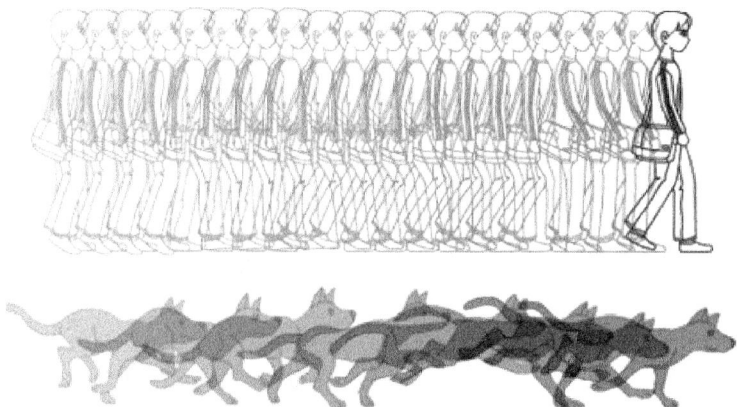

图 16.4　某段持续时间内的动画帧举例

在存储介质上的图像序列实现运动效果，通常用于复杂动画。

计算机动画根据动画画面视觉效果的不同分为二维动画和三维动画。二维动画的画面是在平面空间展示内容，其立体感借助于透视原理、阴影等手段得到的视觉效果。三维动画使用三维数据建立对象模型，具有真实的立体感。图 16.5（a）、（b）分别是典型二维动画的三维动画中的一帧，可见三维动画的立体感更强。

（a）　　　　　　　　　　　　　　　（b）

图 16.5　典型的二维动画和三维动画示例

按所描述对象的真实程度还可以分为真实动画和非真实动画。

按目的播放平台还可以分为电视动画和网络动画，电视动画在计算机上制作完成以后要转换为视频文件格式存储，以供电视平台播放。适用于网络传播的网络动画，网络动画文件容量小，采用矢量图形，画面简洁明快、色彩鲜艳，播放运算量小，制作相对容易，并具有一般动画所没有的交互性，可以在小规模范围内展开创作，但画面质量远远不如专业动画作品，随着网络的发展和普及，逐渐形成了计算机动画的重要组成部分。网络动画的主要制作软件有 Flash、Ulead GIF Animator 和 Cool3D 等

计算机动画生成技术即利用计算机动画系统的多种运动控制方式，实现各种复杂的运动形式，提高控制的灵活度以及制作效率的技术，包括关键帧动画、变形物体动画、过程动画和人体动画等。

一般地，动画对象或人物还是先用手工在纸上或使用绘图笔绘制原画，即先画出对象或人物的轮廓，输入计算机以后进行上色等操作，这部分的工作与造型设计以及美术设计密切相关。图 16.6 表现的是从原画到上色的过程；图 16.7 则表现的是人物造型设计和美术设计的过程。

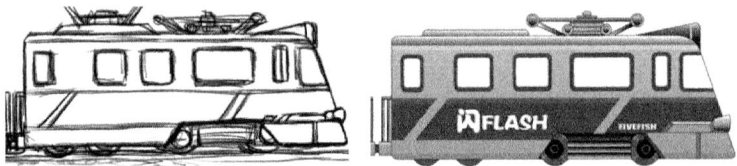

图 16.6　从原画到上色的过程

图 16.7　人物造型设计和美术设计的过程

关键帧动画的中间帧并不需要全部由创作人员逐帧描绘，只需绘出若干有代表性的关键帧画面，其余各帧画面由计算机根据关键帧画面的设定以及模型化对象在某些时间点上的位置、形状、旋转角、纹理和其他参数而自动内插生成，从而大大节省创作的时间，是计算机动画中最基本并且运用最广泛的方法，几乎所有的动画软件如 Maya、3DSMAX 等都使用这种技术。如图 16.8 所示，要表现二维动画人物笑的动画过程，只需要帧标记帧 1、帧 2 和帧 3 为关键帧，而其他帧可以由这三个关键帧的参数由计算机生成。图 16.9 则表现了三维动画的关键帧，其中关键帧为帧 1 和帧 2，其他帧则由计算机生成。

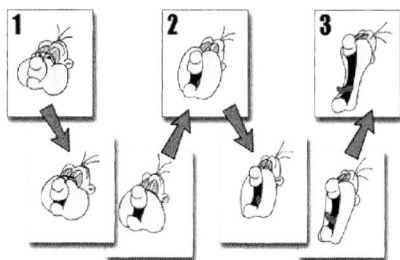

图 16.8　二维动画的关键帧　　　　图 16.9　三维动画的关键帧

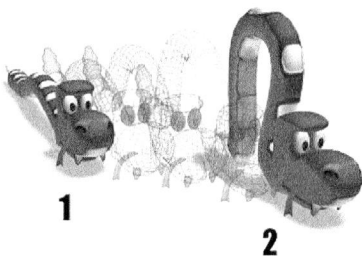

变形动画将动画对象从状态转变为另一种状态，转变的中间过程通过起始状态和结束状态的数据计算得到，常用动画软件如 3DSMAX、Maya 等都具有类似功能。图 16.10 是一朵计算机绘制的花朵由含苞待放到绽开的全过程；图 16.11 是一个黑色矩形逐步变成白色圆形的过程。这些都属于典型的变形动画。

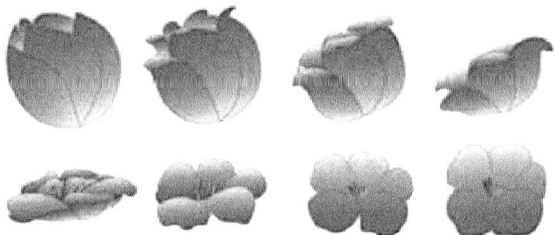

图 16.10　变形动画表现的花开过程

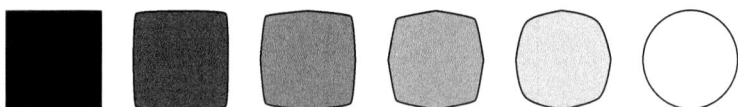

图 16.11　变形动画表现的形状和色彩变化过程

16.6　计算机网络技术

计算机网络是建立在通信技术和计算机技术的基础上，按照网络协议将分散独立的计算机和通信设备连接起来，以功能完善的网络软件实现资源共享和信息传递的系统。

1. 计算机网络体系

计算机网络由网络硬件和软件组成。网络硬件是计算机网络的物质基础，主要包括服务器、工作站、连接设备、传输介质等。网络软件是实现网络功能的主体，包括网络操作系统和网络协议等。网络操作系统运行在网络硬件基础上，提供共享资源管理、基本通信、网络系统安全及其他网络服务，其他网络软件都需要其支持才能运行。连入网络的计算机依靠网络协议实现通信，而网络协议需依靠在具体网络协议软件的支持下才能工作。

计算机网络按覆盖范围可分为局域网、城域网和广域网。局域网（LAN）是小区域范围内的计算机网络，数据传输率高可达1 000 Mbps，具有价格便宜和误码率低的优点，常见拓扑结构有星型、环型、总线型、树型和网状拓扑等，分别如图 16.12 所示。城域网（MAN）通常使用与 LAN 相似的技术，可以覆盖一个或若干城市。广域网（WAN）

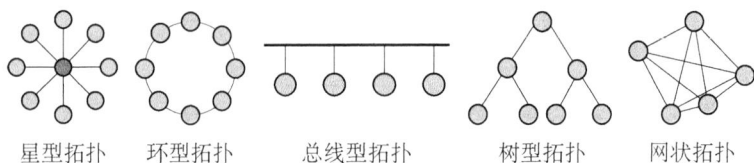

星型拓扑　　环型拓扑　　总线型拓扑　　树型拓扑　　网状拓扑

图 16.12　常见的计算机网络拓扑结构

是覆盖国家级或国际范围地域的网络，通常要依托公共通信网络。

2. IP/TCP 协议

IP 是互联网络协议的简称。IP 协议与 TCP 协议并列为 TCP/IP 协议集合的核心。互联网通过 IP 协议实现不同物理网络的统一，实现了真正意义上的网络互联。IP 技术的核心是支持网络互联的 TCP/IP 协议，通过 IP 数据包和 IP 地址将物理网络细节屏蔽起来提供统一的网络服务。现有的 IP 协议为 IPv4，但由于互联网地址空间的不足和新的应用需要，对 IPv4 做出了简单的、向前兼容的改进提出了 IPv6。IPv6 不仅解决了 IPv4 的地址短缺难题，而且可以使互联网摆脱复杂难以管理和控制的局面。

TCP 是面向连接的协议，提供可靠的全双工数据传输服务。TCP 具有面向数据流、虚电路连接、有缓冲的传送、无结构的数据流和全双工连接等五个特征。IP 只提供一种将数据报传送到目标主机，但不能解决数据报丢失和乱序递交等传输问题。TCP 协议则解决 IP 协议的问题，两者相结合而成的 TCP/IP 协议集合提供了互联网可靠传输数据的方法。

基于 TCP/IP 协议的网络体系结构分为网络接口层、网际层、传输层、应用层四层，即 TCP/IP 协议层次结构，与 OSI 参考模型之间的关系如表 16.1 所示。

表 16.1　TCP/IP 协议层次结构

TCP/IP 协议	OSI 参考模型
应用层 FTP、SMTP 等	应用层
	表示层
	会话层
TCP 层	传输层

（续表）

TCP/IP 协议	OSI 参考模型
IP 层	网络层
网络接口层	数字链路层
	物理层

16.7 数字存储技术

与模拟信息相比，数字信息具有数据量大、并发性和实时性等特点，对系统计算速度、性能以及数据存储的要求更高，既要考虑存储介质，又要考虑存储策略。目前广泛应用的主要存储技术有磁存储技术、光存储技术和半导体存储技术等

1. 磁存储技术

虽然各种新型的存储媒介不断涌现，但磁存储技术以其优异的记录性能、应用灵活、成本低廉的优势和技术上的巨大发展潜力，成为信息存储领域的主流技术。磁存储技术可分为模拟磁存储和数字磁存储两种。前者主要用于记录模拟图像和模拟声音信号，记录和输出模拟信号；后者采用二进制信号记录数字信息，设备主要包括硬磁盘、软磁盘和磁带等。

硬盘具有容量大、体积小、速度快、价格便宜等优点，硬磁盘存储技术应用最广泛。硬盘性能指标包括容基、平均寻道时间、缓存和传输速率等。目前，主流硬盘的容量在 1 000G 以上，转速 10 000 rpm，平均寻道时间大约为 7～9 毫秒，缓存 32 MB，传输速率达 160 MBps。硬盘主流接口主要是 IDE、SATA 和 SCSI 等，其接口及硬盘如图 16.13 所示。尽管单一硬盘的存储容量已经达到了比较可观的程度，但对于迅猛发展的数字媒体信息来说，在追求大容量同时还需要增强存储系统的可靠性，从而出现了由多个硬盘构成的存储系统磁盘冗余阵列（RAID），综合解决了磁盘存储系统的吞吐速度和可靠性问题。

图 16.13　IDE、SATA 和 SCSI 硬盘接口外观

2. 半导体存储技术

半导体存储器种类繁多，容量和存取速度发展非常迅速，应用领域也日益广泛。根据其读写特性，可分为随机存储器（RAM）和只读存储器（ROM）两大类，还可细分为 Flash、ROM、SRAM、EPROM、EEPROM 和 DRAM 等。

闪存芯片的存储容量已经达到了上百 GB，而且随着半导体和集成技术的发展，闪存芯片的容量还会大幅度提升，常见的闪存类型有 SM、CF、MemorySticks、MMC、SD、XF、U 盘、C-Flash 等，几种常见的存储卡如图 16.14 所示。

图 16.14　SD、mimiSD、MS、TF 及 MMC 存储卡

3. 光存储技术

光存储技术是将计算机生成的携带信息的数据送入光调制器，采用激光照射介质并与介质相互作用，导致介质的性质变化而存储信息。光存储系统通常分为记录信息的光盘和光盘读取设备两大部分，常见的光盘和读取设备如图 16.15 所示。

光存储技术以其存储密度高、存储寿命长、非接触式读写和擦出、

图 16.15　DVD 播放器及 DVD 光盘

信噪比高以及价格低等优点成为数字媒体信息存储的重要载体。光存储技术可以按多种标准进行分类，如图 16.16 所示。

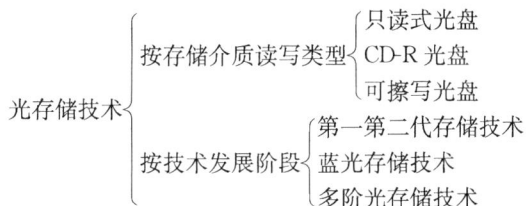

图 16.16　光存储技术分类

4. 网络存储技术

网络存储技术具有安全性高、动态扩展性强的特点，是近年高速发展的技术，许多基于工业标准的网络存储方案在视频管理制作和播出等方面都已经得到了广泛应用。网络存储技术按照发展的先后顺序，可以分为以下几种。

（1）DAS 和 SAS 技术。直接附着网络存储（Direct-Attached Storage，DAS），适用于由于早期的简单网络。典型 DAS 管理结构基于 SCSI 并行总线，存储设备与主机操作系统紧密相连。20 世纪 80 年代，出现了附着服务器的存储（Server-Attached Storage，SAS）。SAS 和 DAS 类似，但使用的是分布式方法并仰赖于局域网连接实现。SAD 和 SAS 的存储都直接依附于服务器，使用存储共享都是受限的。

（2）SAN 和 NAS 技术。存储域网络（Storage Area Network，SAN），是存储技术与网络技术密切结合的产物，是一个用在服务器和存储资源之间的、专用的、高性能的网络体系，使用 SCSI-FCP 典型协议组，能为网络应用系统提供丰富、快速和简便的存储资源，又能集中统一管理网络上存储的资源，可以作为媒体业务管理的结构，也可以作为视音频播出服务器的网络化构架，成为当今理想的存储管理和应用模式。

附于网络的存储（Network Attached Storage，NAS），设备直接连接在网络上。NAS 包括一个特殊的文件服务器和存储设备。NAS 服务器采用优化文件系统，并且安装预配置的存储设备。由于 NAS 连接在局域网上，客户端可以通过 NAS 系统与存储设备交互数据，也可以通过磁盘映射和数据源建立虚拟连接。

SAN 以数据为中心，具有高带宽块状数据传输的优势，而 NAS 以网络为中心，更加适合文件系统级别上的数据访问。根据两者强烈的互补性，可以使用 SAN 运行数据库、备份等关键应用以集中存取与管理数据；而使用 NAS 完成客户端之间或者服务器与客户端之间的文件共享。

（3）IP 网络存储技术。随着 IP 和以太网数量的激增，可以采用与构建互联网相同的基础支持对网络存储的需求。服务器可以在运行 TCP/IP 的以太网上安装 iSCSI 驱动，从而能够存取计算机上 SAN 中的数据块，可以利用基于 TCP/IP 的以太网来无限制地扩大存储容量和带宽，来构建任何大小的网络以适应各种各样不同的存储需求。

16.8 移动数字终端技术

随着数字新媒体无线和移动服务平台的迅速壮大，特别是移动数字媒体独特的信息获取与交流的优势，近年来手持移动数字终端发展势头迅猛，已经成为获得信息和媒体服务的重要途径。

1. 手机

手机是移动通信系统中的便携可移动通信终端。第一代手机（1G）是模拟手机，技术上类似于简单的无线电双工电台，通话频率固定，易于被窃听。从第二代手机（2G）开始进入数字手机时代，利用数字信号处理传输语音和数据，GPRS 和 WAP 等数据服务以及基于移动 Java 平台的程序扩展等功能。第三代手机（3G）是指融合移动通信与互联网多媒体通信的多媒体数字手机，能处理图像、音乐、视频流等多种媒体形式，提供包括网页浏览、电话会议、电子商务等多种信息服务。第四代手机（4G）集 3G 与 WLAN 于一体，并能够传输与高清晰度电视不相上下的高质量视频图像和音频信号，能够满足几乎所有于无线服务的要求。手机的发展将偏重于安全和数据通信，一方面加强个人隐私的保护，另一方面加强数据业务的研发，更多的多媒体功能被引入。

2. 媒体播放器

MP3 播放器凭借着小巧体积和使用方便等优点，替代了磁带、CD 等音乐播放产品，迅速占领便携音乐播放器的市场。而结合了视频等播放的新一代个人数码娱乐终端 MP4，又取代 MP3 成为市场的主流。MP4 是在 2002 年由法国爱可视公司发布的，2003 年 9 月出现了第一款能摄像的 MP4。现在的 MP4 功能已经融入到了数码相机、数码 DV、移动硬盘、MP3 和手机等多种数码产品中，独立功能的 MP4 市场也在逐渐萎缩，典型的 MP4 播放器如图 16.17 所示。

3. 平板电脑

平板电脑是一种小型、方便携带的个人电脑，以触摸屏作为基本的输入设备，其触摸屏允许触控笔或数字笔而不是传统的键盘或鼠标操作，用户还可以通过内建的手写识别程序、软键盘、语音识别或者一个真正的硬件键盘输入信息，从而大大提高了应用的便利性。平板电脑由

图 16.17　常见的 MP4 播放器

微软总裁比尔·盖茨（Bill Gates）于 2002 年提出，从微软提出的平板电脑概念产品上看，平板电脑就是一款没有翻盖和键盘、小到可以放入女士手袋，但却功能完整的 PC。

平板电脑本身内建了应用软件，用户只需按自然习惯通过触摸屏幕上书写的方式，就可以将文字或手绘图形输入计算机。平板电脑按结构可分为集成键盘的可变式平板电脑和外接键盘的纯平板电脑两种类型。虽然平板电脑的概念由微软公司提出，却是因苹果公司的系列平板电脑的推出而为众人所知，平板电脑的代表产品分别是 Surface 和 iPad，如图 16.18 所示。

图 16.18　微软 Surface 和苹果 iPad 平板电脑

16.9　数字媒体信息安全技术

数字媒体信息本身易于复制和传播的特性带来的数字作品侵权更加容易、恶意攻击和篡改伪造数字媒体内容等问题也日益严重，应该引入数字媒体信息安全技术来提高数字媒体信息的安全性。

1. 数字媒体信息加密技术和数字签名

数字媒体信息往往通过计算机网络传输，在传输过程中会遭遇多种安全问题，应用于计算机网络的安全技术自然也引入到数字媒体信息的安全性保护中来。与计算机网络安全技术类似，加密技术也是数字媒体安全技术的基础，为存储和传输中的数字媒体信息提供机密性、数据完整性、身份鉴别和数据原发鉴别等方面的安全保护，还能阻止和检测其他的欺骗和恶意攻击行为。数字媒体加密技术包括对称加密技术和非对称加密技术两种。加密技术使用相同的密钥加密或解密数字媒体信息，而非对称加密技术使用不同的密钥加密或解密数字媒体信息。数字签名技术使用散列函数对数字信息进行签名，在原始信息上附加数据以保证信息的完整性，认证发送者的身份，防止交易中抵赖的发生，是不对称加密技术典型应用。

2. 数字媒体信息隐藏技术

信息隐藏利用人感觉器官对数字信息的感觉冗余性，将用作识别的信息隐藏在需要传输的原始信息中，隐藏附加信息后的信息引起的感受与原始信息并没区别，使人无法觉察到隐藏的数据，也不会改变原始信息的本质特征和使用价值。信息隐藏技术包含隐蔽通道、隐藏术、匿名通信和版权标识等技术。隐藏技术把标识信息嵌入或隐藏在原始信息中，通常假设除信息发送方和接收方之外的第三方不知道隐藏信息的存在，只能用于互相信任的双方之间点到点的信息传输。

3. 数字水印技术

与信息隐藏技术相似，数字水印技术将如作者信息或个人标志等信息，以人所不可感知的水印形式嵌入到原始信息中，通过自然感官无法感知水印的存在，只有专用的检测器或计算机软件才可以检测，具有可证明性、不可感知性和稳健性等特点，是一种有效的数字媒体信息保护和认证技术。在数字媒体信息中加入数字水印可以确认版权所有者，认证数字媒体来源的真实性，以及识别购买者，确认所有权认证和跟踪侵权行为。

数字水印技术可以按照多种标准分类。按其稳健性数字水印可分为鲁棒数字水印、半易脆数字水印和脆弱数字水印。按数字水印所嵌入的原始信息类型可分为图像数字水印、音频数字水印、视频数字水印、文本数字水印、印刷数字水印以及网络数字水印等。按水印检测过程分为明水印和盲水印。按数字水印的内容分为内容水印和标志水印。按数字水印用途可分为版权保护水印、篡改提示水印、票据防伪水印和隐蔽标识水印等。

4. 数字版权管理技术

数字版权管理（Digital Rights Management，DRM），DRM 随着电子音频视频节目在互联网上的广泛传播而发展起来，采取信息安全技术手段在内的系统解决方案，在保证合法的、具有权限的用户对数字图像、音频、视频等数字信息正常使用的同时，保护数字信息创作者和拥有者的版权，根据版权信息获得合法收益，并在版权受到侵害时能够鉴别数字信息的版权归属及版权信息的真伪，以保证数字内容在整个生命周期内的合法使用，平衡数字内容价值链中各个角色的利益和需求，促进整个数字化市场的发展和信息的传播。具体来说，包括对数字资产各种形式的使用进行描述、识别、交易、保护、监控和跟踪等各个过程。数字版权保护技术贯穿数字内容从产生到分发、从销售到使用的整个内容流通过程，涉及整个数字内容价值链。数字版权管理通过对数字内容进行加密和附加使用规则对数字内容进行保护，使用规则可以判断用户是否具有权限播放此内容，为数字媒体信息提供者保护其所拥有的数字资产免受非法复制和使用提供了技术手段。

参考文献

［1］ 艾瑞咨询．中国移动直播市场报告［R］．2016

［2］ 汪传鸿．补贴成内容平台"标配"腾讯加码 12 亿元扶持内容生产者［N］．21 世纪经济报道，2017 年 3 月 2 日．

［3］ 毕秋敏．移动阅读新模式——基于兴趣与社交的社会化阅读［J］．出版与发行研究，2013（3）．

［4］ 崔保国．传媒蓝皮书：中国传媒产业发展报告［M］．北京：社会科学文献出版社 2016．

［5］ 陈刚．新媒体与广告［M］．北京：中国轻工业出版社，2002．

［6］ 陈力丹．传播学纲要［M］．北京：中国人民大学出版社，2007．

［7］ 陈丽娟．论新兴媒体的特点及发展趋势［J］．安阳工学院学报，2013（5）．

［8］ 陈明亮，邱婷婷，谢莹．微博主影响力评价指标体系的科学构建［J］．浙江大学学报（人文社会科学版），2014（2）．

［9］ 畅榕，丁俊杰．数字时代新闻传播的特征［J］．当代传播，2014（6）．

［10］ 董潇潇．2016 年网络视频特点回顾［J］．现代视听，2017（1）．

［11］ 丁柏铨．新形势下提高舆论引导能力研究论纲［J］．当代传播，2009（3）．

［12］ 杜骏飞，魏娟．网络集群的政治社会学：本质、类型与效用［J］．东南大学学报（哲学社会科学版），2010，12（01）．

［13］ 杜建华．移动阅读发展趋势及当下对策［J］．中国出版，2013（11）．

［14］ 中国互联网信息中心．第 40 次《中国互联网络发展状况统计报告》 ［EB/OL］．http：//www. cac. gov. cn/2017-08/04/c _ 1121427728. htm，2017 年 8 月 4 日．

［15］ 方洁．数据新闻概论［M］．北京：中国人民大学出版社，2015．

［16］ 复盘 2017 年游戏行业：移动电竞与类型化势头正猛，IP 改编或迎二轮热潮［EB/OL］．http：//tech. sina. com. cn/roll/2017-12-31/doc-ifyqcsft8590049. shtml，2017 年 8 月 31 日．

［17］ 郭庆光．传播学教程［M］．北京：中国人民大学出版社，2011．

［18］ 宫承波．新媒体概论［M］．北京：中国广播电视出版社，2012．

［19］ 广电总局：电视剧综艺禁止传播"未删减版"［EB/OL］．http：//ent. sina. com. cn/tv/zy/2017-06-03/doc-ifyfuzmy1469552. shtml，2017 年 6 月 3 日．

［20］ 国图出版社诉百度侵权案一审败诉［EB/OL］．http：//www. iprchn. com/IndexNewsContent. aspx? NewsId ＝ 103835，2017 年 11 月 10 日．

［21］ 国内首例出版社状告百度文库侵权案一审宣判［N］．中国青年报，2014 年 03 月 10 日 05 版．

［22］ 郝振省．2012—2013 中国数字出版产业年度报告［M］．北京：中国书籍出版社，2013．

［23］ 籍元．新媒体舆论的问题与引导策略研究［D］．锦州渤海大学学位论文，2016．

[24] 金莹，李阳．报纸官方微博存在的问题及改进方法 [J]．传媒，2014 (5)．

[25] 匡文波．新媒体概论 [M]．北京：中国人民大学出版社，2015．

[26] 柯实．今日头条：一个估值 5 亿美元的 APP [J]．创业家，2014 (6)．

[27] 乐国安．网络集群行为过程解析 [J]．人民论坛，2010 (9)．

[28] 刘坤，方莉，杨舒．为全球创新发展提供新动能——第四届世界互联网大会探寻数字经济发展路径 [EB/OL]．http：//news.sina.com.cn/gov/2017-12-06/doc-ifyphxwa8073914.shtml，2017 年 12 月 6 日．

[29] 刘沐．新媒体广告形态与发展 [J]．科技资讯，2010 (7)．

[30] 刘伟．新媒体广告形态研究 [J]．今传媒，2013 (2)．

[31] 刘强．传播学受众理论论略 [J]．西北师大学报，1997 (6)．

[32] 刘颖悟，汪丽．媒介融合的概念界定与内涵解析 [J]．传媒，2012 (1)．

[33] 刘亚娜，胡悦，郭虹．论网络游戏对青少年犯罪的影响 [J]．东北师大学报（哲学社会科学版），2014 (1)．

[34] 刘艳婧．新媒体舆论特点解析 [J]．青年记者，2011 (2)．

[35] 刘冬梅．微博议程设置特点及应对策略 [J]．编辑学刊，2014 (2)．

[36] 刘英华．数字媒体传播实务 [M]．北京：人民邮电出版社，2015．

[37] 白金蕾．两年的进击与潜行，腾讯影业能否靠 IP 和调整破局？[EB/OL]．http：//tech.sina.com.cn/roll/2017-10-15/doc-ifymviyp1123376.shtml，2017 年 10 月 15 日．

[38] 栾轶玫．融媒体传播 [M]．北京：中国金融出版社，2014．

[39] 梁峰．交互广告学 [M]．北京：清华大学出版社，2007．

［40］ 林升梁，张晓晨．人微博粉丝数影响因素的实证研究［J］．新闻与传播研究，2014（3）．

［41］ 麦克卢汉．理解媒介［M］．何道宽，译．北京：商务印书馆，2000．

［42］ 茆意宏．论手机移动阅读大学［J］．图书馆学报，2010（6）．

［43］ 彭诗睿．新媒体视野下隐私权的法律保护［D］．武汉：华中科技大学学位论文，2009．

［44］ 王春．跑男著作权纠纷案一审确认侵权　判赔 496 万［N］．法制日报，2017 年 12 月 25 日．

［45］ 邱文中．互联网广告类型及其广告媒体特性研究［J］．新闻界，2007（6）．

［46］ 宋安琪．新媒体广告传播研究［D］．哈尔滨：哈尔滨师范大学学位论文，2016．

［47］ 苏帆帆．移动阅读业务持续使用行为影响因素研究［D］．北京：北京邮电大学学位论文，2011．

［48］ 王云凤．浅谈新媒体时代下新闻传播的特点［J］．新闻研究导刊，2015（19）．

［49］ 王静超，储靖农．"今日头条"的创新对传统媒体的启示［J］．青年记者，2014（8 月下）．

［50］ 王倩．没有流程再造全媒体为零［J］．新媒战线，2014（4）．

［51］ 土艳．民意表达与公共参与：微博意见领袖研究［D］．北京：中国社会科学院研究生院学位论文，2014．

［52］ 王君泽，王雅蕾，禹航，等．微博客意见领袖识别模型研究［J］．新闻与传播研究，2011（6）．

［53］ 王松．手机传播态势及其治理与引导［J］．云南社会科学，2011（9）．

［54］ 王松，等．互联网时代媒介生态创新研究［M］．上海：上海交

通大学出版社，2017.

[55] 王松，等. 信息传播大 2：新媒体与数字娱乐传播［M］. 上海：上海交通大学出版社，2015.

[56] 王松，等. 信息传播大变局——新媒体传播管理与数字技术［M］. 上海：上海交通大学出版社，2013.

[57] 王松，集群创新网络研究——不确定信息化环境下网络合作度与开放度视角［M］. 上海：上海交通大学出版社，2014.

[58] 王松，季振国. 加强移动新媒体管理与引导，打造绿色安全的移动互联网［C］. 杭州；浙江省政协提案，浙江省政府咨询报告，2013.

[59] 王卉，等. 从今日头条的突破性创新看移动互联网时代内容产业的发展趋势［J］. 科技与出版，2016（6）.

[60] 王晓春. 美国网络出版成功案例的启发与借鉴 2016.3

[61] 吴伟光. 版权制度与新媒体技术之间的裂痕与弥补［J］. 现代法学，2011（5）.

[62] 吴玉如，舒畅. 数字化新媒体研究回眸［J］. 科教文汇，2009（1）.

[63] 向安玲，沈阳，罗茜. 媒体两微一端融合策略研究——基于国内110家主流媒体的调查分析［J］. 现代传播，2016（4）.

[64] 徐琦，胡喆. "澎湃新闻"PK"今日头条"——解码移动互联网背景下新闻媒体融合之道［J］. 新闻研究导刊，2014（9）.

[65] 叶虎. 大众文化与媒介传播［M］. 上海：学林出版社，2008.

[66] 尹衍腾，李学明，蔡孟松. 基于用户关系与属性的微博意见领袖挖掘方法［J］. 计算机工程，2013（4）.

[67] 优酷：进击中的"少年"［EB/OL］. http：//sh. qihoo. com/pc/2s21pgrgaqs? sign＝360e39369d1，2018 年 1 月 5 日.

[68] 阅文集团 IPO：网络文学第一股为什么值一千亿？［EB/OL］.

http：//finance. sina. com. cn/stock/hkstock/ggscyd/2017-11-09/doc-ifynsait6507757. shtml，2017 年 11 月 8 日.

［69］ 约翰·帕夫利克. 新媒体技术：文化和商业前景［M］. 北京：清华大学出版社，2005.

［70］ 张国良. 传播学原理［M］. 上海：复旦大学出版社，2009.

［71］ 张一鸣. 机器人与客户端的个性化追求［J］. 中国记者，2015（4）.

［72］ 周越辉，刘佳玉. 新媒体新闻传播特点的分析［J］. 科技与企业，2013（4）.

［73］ 赵龙文，公荣涛，明艳，等. 基于意见领袖参与行为的微博话题热度预测研究［J］. 情报杂志，2013（12）.

［74］ 张贺. "IP 热"为何如此流行［N］. 人民日报，2015-05-21（17）.

［75］ 中国记协发布《中国新闻事业发展报告（2017 年）》［EB/OL］. http：//media. people. com. cn/n1/2018/0619/c40606-30066337. html，2014 年 12 月 29 日.

［76］ 张天然. 试论新媒体新闻的传播特点［J］. 新闻传播，2014（12）.

［77］ 叶蓁蓁. 人民日报"中央厨房"有什么不一样［EB/OL］. http：//media. people. com. cn/n1/2017/0223/c40606-29101895. html，2017 年 2 月 23 日.

［78］ 宫承波，翁立伟. 新媒体产业论［M］. 北京：中国广播电视出版社，2010.

［79］ 刘殿雄. 浅析新媒体产业最新发展特点与发展方向［J］. 中国证券期货，2013（08）：132-133.